中华复兴之光
神奇建筑之美

绝代富丽华宫

胡元斌 主编

汕头大学出版社

图书在版编目（CIP）数据

绝代富丽华宫 / 胡元斌主编. -- 汕头 : 汕头大学
出版社，2016.3（2023.8重印）
　（神奇建筑之美）
　ISBN 978-7-5658-2448-7

　Ⅰ. ①绝… Ⅱ. ①胡… Ⅲ. ①宫殿－介绍－中国
Ⅳ. ①K928.74

中国版本图书馆CIP数据核字(2016)第044168号

绝代富丽华宫　　　　　　　JUEDAI FULI HUAGONG

主　　编：胡元斌
责任编辑：宋倩倩
责任技编：黄东生
封面设计：大华文苑
出版发行：汕头大学出版社
　　　　　广东省汕头市大学路243号汕头大学校园内　邮政编码：515063
电　　话：0754-82904613
印　　刷：三河市嵩川印刷有限公司
开　　本：690mm×960mm　1/16
印　　张：8
字　　数：98千字
版　　次：2016年3月第1版
印　　次：2023年8月第4次印刷
定　　价：39.80元
ISBN 978-7-5658-2448-7

前　言

　　党的十八大报告指出："把生态文明建设放在突出地位，融入经济建设、政治建设、文化建设、社会建设各方面和全过程，努力建设美丽中国，实现中华民族永续发展。"

　　可见，美丽中国，是环境之美、时代之美、生活之美、社会之美、百姓之美的总和。生态文明与美丽中国紧密相连，建设美丽中国，其核心就是要按照生态文明要求，通过生态、经济、政治、文化以及社会建设，实现生态良好、经济繁荣、政治和谐以及人民幸福。

　　悠久的中华文明历史，从来就蕴含着深刻的发展智慧，其中一个重要特征就是强调人与自然的和谐统一，就是把我们人类看作自然世界的和谐组成部分。在新的时期，我们提出尊重自然、顺应自然、保护自然，这是对中华文明的大力弘扬，我们要用勤劳智慧的双手建设美丽中国，实现我们民族永续发展的中国梦想。

　　因此，美丽中国不仅表现在江山如此多娇方面，更表现在丰富的大美文化内涵方面。中华大地孕育了中华文化，中华文化是中华大地之魂，二者完美地结合，铸就了真正的美丽中国。中华文化源远流长，滚滚黄河、滔滔长江，是最直接的源头。这两大文化浪涛经过千百年冲刷洗礼和不断交流、融合以及沉淀，最终形成了求同存异、兼收并蓄的最辉煌最灿烂的中华文明。

五千年来，薪火相传，一脉相承，伟大的中华文化是世界上唯一绵延不绝而从没中断的古老文化，并始终充满了生机与活力，其根本的原因在于具有强大的包容性和广博性，并充分展现了顽强的生命力和神奇的文化奇观。中华文化的力量，已经深深熔铸到我们的生命力、创造力和凝聚力中，是我们民族的基因。中华民族的精神，也已深深植根于绵延数千年的优秀文化传统之中，是我们的根和魂。

　　中国文化博大精深，是中华各族人民五千年来创造、传承下来的物质文明和精神文明的总和，其内容包罗万象，浩若星汉，具有很强文化纵深，蕴含丰富宝藏。传承和弘扬优秀民族文化传统，保护民族文化遗产，建设更加优秀的新的中华文化，这是建设美丽中国的根本。

　　总之，要建设美丽的中国，实现中华文化伟大复兴，首先要站在传统文化前沿，薪火相传，一脉相承，宏扬和发展五千年来优秀的、光明的、先进的、科学的、文明的和自豪的文化，融合古今中外一切文化精华，构建具有中国特色的现代民族文化，向世界和未来展示中华民族的文化力量、文化价值与文化风采，让美丽中国更加辉煌出彩。

　　为此，在有关部门和专家指导下，我们收集整理了大量古今资料和最新研究成果，特别编撰了本套大型丛书。主要包括万里锦绣河山、悠久文明历史、独特地域风采、深厚建筑古蕴、名胜古迹奇观、珍贵物宝天华、博大精深汉语、千秋辉煌美术、绝美歌舞戏剧、淳朴民风习俗等，充分显示了美丽中国的中华民族厚重文化底蕴和强大民族凝聚力，具有极强系统性、广博性和规模性。

　　本套丛书唯美展现，美不胜收，语言通俗，图文并茂，形象直观，古风古雅，具有很强可读性、欣赏性和知识性，能够让广大读者全面感受到美丽中国丰富内涵的方方面面，能够增强民族自尊心和文化自豪感，并能很好继承和弘扬中华文化，创造未来中国特色的先进民族文化，引领中华民族走向伟大复兴，实现建设美丽中国的伟大梦想。

目　录

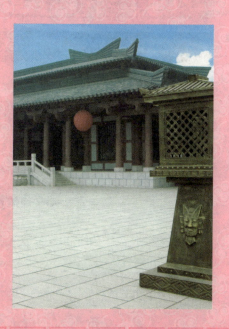

大明宫

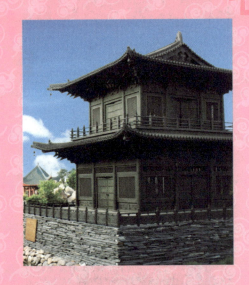

万象神宫

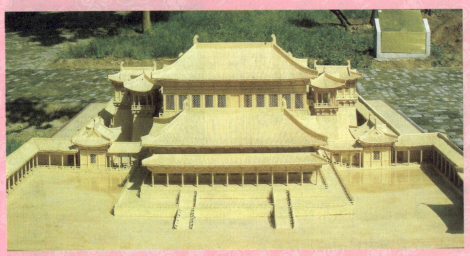

四大古宫

　　章华台位于湖北省潜江龙湾，是楚灵王于公元前535年主持修建的离宫。当时，这座宏大的建筑被誉为"天下第一台"。

　　姑苏台在苏州城外西南隅的姑苏山上。公元前492年，吴王夫差战胜越国后修建。

　　咸阳宫位于陕西省咸阳市东。公元前350年，秦孝公迁都咸阳，开始营建宫室。

　　阿房宫是秦朝宫殿，始建于公元前212年。阿房宫宫殿之多、建筑面积之广、规模之宏大，在当时都是世界之最。

誉为天下第一台的章华宫

在西汉史学家、文学家司马迁所著的《史记》中，有一篇《廉颇蔺相如列传》，文中记载："秦王坐章台见相如。相如奉璧奏秦王。"其中"章台"，就是"章台宫"。

古时章台宫一带，最初是王孙公子等纨绔子弟游赏取乐的地方。后来，由"章台宫"延伸出了"章台""章台路"和"章台街"等称谓。

在《汉书·张敞传》中就有"走马过章台街"的记载。唐代著名诗人李商隐在《对雪》中有："梅花大庾岭头发，柳絮章台街里飞。"

宋代文学家欧阳修在《蝶恋花》中也有关于章台的记载："玉勒雕鞍游冶处，楼高不见章台路。"在我国其他的文史中，此类记载不胜枚举。

被誉为"天下第一台"的章华宫，始建于春秋时期楚灵王继位的当年。整个工程历时5年，于公元前535年宣告落成。楚灵王不惜耗费人力和物力，大兴土木，建造了这座豪华、壮丽的宫殿园林。可见其国力的强盛。

在春秋后期，楚国日臻强盛，开始虎视中原。为了炫耀国力，威镇诸侯，楚灵王"穷土木之技，殚珍府之宝"，费时数年，建造了章华宫这座宏伟壮观的离宫。

据说，章华宫落成之后，楚灵王邀请天下诸侯前来游乐，可是只有鲁昭公一人应邀而来。以后到楚国访问的国君和使者，大都到过章华宫。

处于偏远北方的狄国使者访问楚国时，也在章华宫受到了楚灵王的热情款待。这位使者在登临章华宫时，中途休息了3次，因此，人们又称章华宫为"三休台"。由此可以想象出，这巍巍伫立的章华宫的确是高耸入云了。

离宫建成之后，楚灵王搜罗天下的细腰美女藏于宫中，离宫又名"细腰宫"。

楚灵王为了让美女们保持细腰而令她们节食，不少女子因饥饿而死，故有"楚王好细腰，国人多饿死"的说法。

当楚灵王在章华宫中沉溺于享乐之时，一场宫廷政变正在向他逼近。当初遭到他迫害而被迫逃离楚国的3个弟弟暗中串通，在其他两国的帮助下，3个弟弟返回了郢都，杀死了灵王的两个儿子，并宣布废掉灵王，另立新王。

事成之后，3个弟弟派人迅速赶到灵王的另一所大型游宫，即乾溪宫去通报废立结果。同时，还向群臣宣布，先回郢都者保留职位和家产，若不回去则依法严惩。

楚灵王本来早已失去人心，大臣们一听到这个消息，就立刻弃灵王而去了。

　　成为孤家寡人的楚灵王独自西行，途中听说两位皇子被杀，他痛哭流涕地说道："寡人杀别人的儿子杀得太多，没想到今天竟也落得如此下场啊！"

　　又累又饿的楚灵王倒在路边昏睡过去了，梦中灵王又依稀回到了那座象征他权力和欲望的章华宫。亭台楼榭，歌舞升平，美酒佳肴，群臣恭立。

　　饥肠辘辘的楚灵王飞快地冲到香气扑鼻的美食跟前，准备饕餮一顿时，不料扑了个空，从台上跌落了下来。他醒来一看，哪里有什么富丽堂皇的章华宫呢？连一个人影也没有啊！穷途末路的楚灵王只好在绝望中自缢身亡。

　　随着楚国的衰亡，楚王和章华宫也随之被毁，一代名胜，仅存遗址。但它所显示出的荆楚古人卓绝的智慧和才干却足以令后人感到骄傲和自豪。

后来，东汉的开国大将马援曾在此修建了百洲寺，唐代开国功臣尉迟恭又加以扩建，并让人绘制"章台晓霁"悬于寺内。现代古画仍存，供文人墨客吊古吟诗。

随着历史的远去，章华宫已经灰飞烟灭。它却足以警示后人：为政之首要得民心，得民心者得天下。

后来，随着考古发掘的深入，这座沉睡于地下2000多年的豪华宫殿遗址又重新展现在世人眼前，它就坐落在湖北潜江西南的龙湾镇。其显露的1号宫殿基址为大型城台建筑，台基分为3层。

一层台基东侧有一条贝壳路，已显露部分贝口朝下，背向上，互相扣接，砌在路基的细泥中，贝壳排列紧密整齐，成横"人"字纹。

城台建筑的南面和西面均有1米宽的贝壳路，贝壳大部分被火烧毁。高台建筑的南面有东西两个大台阶，大小一样，台阶为土木结构建筑，台阶的四周均用方木垒砌，中间填土。

二层台的南侧也有长廊式建筑，台上分布有两排柱洞。长廊式建筑的西边有地下排水设施，3条陶制的排水管道通向水坑。

排水管的东面有一条南北向的墙及台阶通向回廊，回字形回廊上面两排柱洞排列井然。

二层台北面与回廊之间有一堵墙，墙的中部安有双合门，墙的北侧为立柱和台阶，南侧为门框的安门的门斗。二层台高约1米，面积约60平方米。

三层台呈曲字形，台周边分布有30个半明暗的大型台柱洞，每个柱洞的宽度有1.5米左右。台内埋设有纵横交错的埋地梁的地沟和柱洞，地梁均为固定周边台柱和方木墙带而设置，柱洞为锁住地梁和台上建筑而埋设。

夯土台基为板块夯筑而成，夯土有灰褐色和灰黄之分。宫殿毁于大火，建筑遗迹清晰可见。

根据这些已显露的建筑遗迹和四次大规模勘探提供的情况，考古工作者初步推测1号宫殿基址的建筑总体布局是：台基东部为3层台建

筑，台北为亭廊环绕的园林式建筑，台周曲廊环绕，台内曲廊穿梭于一、二、三层之间，台东有大河奔流，台西有湖水漾波，堪称人间休闲胜地。

放鹰台1号宫殿基址在建筑方面的主要特点是，规模宏大。该基址占地面积1300平方米，高出地面5米至6米。是建筑规格高，土木结构的高台建筑，大型台柱，台内地梁、台护壁的设置和贝壳路等，属我国建筑史上的首次发现。

放鹰台建筑布局风格奇特，东西高低错落，亭廊环绕，庭院与园林相间，广场的设置等，在我国东周列国建筑史上十分罕见。为东周时期楚国王室成员活动的中心区域。

龙湾遗址西部黄罗岗遗址周围分布着众多东周时期的文物遗存，此为春秋楚城。龙湾遗址是我国迄今发现的面积最大、规格最高、保存最好和时代最早的楚文化遗址。

知识点滴

关于章华宫的遗址有4种说法：

其一，在今湖北省监利县西北，后有人认为春秋时楚灵王所建章华宫就在这里。称为"华容之章华"。

其二，在今安徽省亳州市东南方向，说楚灵王章华宫就在这里。

其三，在今河南省汝南东，战国楚襄王为秦将白起所逼，逃跑到此地而兴建的，并沿用旧名，即"汝阳之章华"。

其四，在今湖北省沙市，后人附会为灵王所筑，即豫章台。

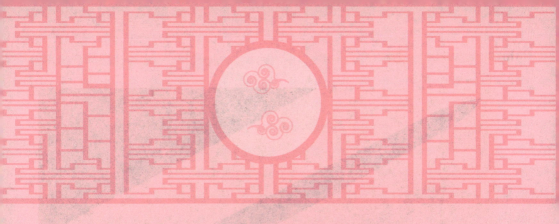

被夫差视为仙境的姑苏台

姑苏台，又名姑胥台，位于江苏省苏州城外西南隅的姑苏山上。姑苏台遗址就是后来的灵岩山。

姑苏台西依上方山，东濒石湖，山水相映，景致绝佳。春秋时期，这里曾是吴国的苑囿。南宋时期，是著名的田园诗人范成大在乡间的居憩地。

姑苏台曾是吴王夫差的行宫。在公元前492年，夫差战胜越国之后，便在吴中称王称霸，他得意忘形，骄傲起来。他在国内大兴土木，到处建造宫室和亭台楼阁，作为他享乐无度的"蓬莱仙境"和长生逍遥之地。

越王勾践深知吴王夫差嗜好修建宫室，兴建亭台楼阁，便运用辅国大夫文种的"伐吴计谋"，用重金财物献给吴国君王与臣下，使他们财迷心窍，对越国失去警惕。同时又送去美女以消磨吴王意志，送去能工巧匠和建筑良材，让吴国大造宫殿、高台，耗其资财，疲乏其民力。

越王勾践就是用这些方法，以计取胜，不花大力气去打硬仗，使吴王夫差不知不觉进入他所设计的圈套，越陷越深。

一次，越王勾践命3000木工入山伐木，一年不归，伐掉大批上等木材。其中有一对巨木，粗可20人抱围，高120米。一棵是有斑纹的梓树，另一棵是梗楠树，木质硬朗而挺拔。

于是，越王勾践命令匠人精工雕刻成盘龙花纹大柱，抹上丹青，又镶嵌白玉，错彩镂金，金光闪闪，光怪陆离。还将所有采伐的良材进行加工，然后派文种大夫献给吴王夫差，建造富丽堂皇的宫殿与高台。

吴王夫差见到这些雕刻精美的木材，龙心大悦，他不听贤臣伍子胥的劝阻，立刻照单全收了这批良材。当时，这批来自会稽的粗大木材，把山下所有的河道、沟渠都塞满了，"木渎"因而得名。

据史书记载："为修造姑苏台材料历经三年才积聚，五年方造成。"

阖闾在世时曾在山上筑烽火高台，观察、预防外来的敌人，而吴王夫差却饰以铜钩玉槛，改建成规模宏大的馆娃宫殿、响屐廊、玩花池、琴台、山顶凿吴王井等。

姑苏台高900米，宽252米，有九曲路拾级而上，登上巍巍高台可饱览方圆50千米范围内湖光山色和田园风光，其景冠绝江南，闻名于天下。

高台四周还栽上四季之花，八节之果，横亘2.5千米，还建了灵馆、挖天池、开河、造龙舟、围猎物，以供吴王逍遥享乐。

吴王夫差在那里

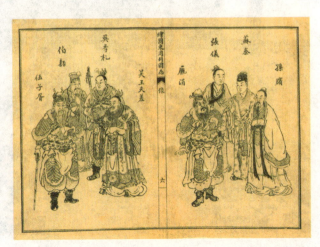

终日花天酒地，不理朝政，他到哪里，哪里便有亭台楼阁，住到哪里，哪里就有妃嫱、女仆侍奉左右。

夫差为了建造姑苏台，不知耗费了多少黎民百姓的血汗，搜刮了多少百姓的资财。据《吴越春秋》卷九中的《勾践阴谋外传》记载："它使道路常有死者，街巷哭声不绝，百姓困乏，军士痛苦……"

当吴王夫差与美女们沉浸在欢乐逍遥、穷奢极欲之时，越国便展开了对吴国的进攻。在公元前475至公元前473年，越国前后用3年时间把吴国城池团团围困，使吴国城中断粮断炊，百姓饥荒，士兵无力作战，不堪一击，越兵轻易而入，很快就占领了吴国城池。

就在越兵进攻之时，吴王夫差带领亲信狼狈逃窜至姑苏山上，当

他们在苟延残喘之际，被追赶的越兵围困山中，上天无路，入地无门，吴王夫差命手下去求和未成。

吴王夫差仰天叹息，后悔当初未听伍子胥的忠告，使自己陷入这等地步，于是用大巾盖脸，自刎而死。

吴王夫差用了8年心血建成的姑苏台，被越兵付之一炬，成了一片废墟。姑苏台的辉煌与兵燹，表明了吴国的兴衰，历史记载着过去，启示着未来。

据史书记载：吴王营建姑苏台的目的：一是"望太湖"，监视越兵动向，以防敌人偷袭；二是"中窥百姓"即暗中窥测境内百姓的动静，以防民众聚众起事。

从而反映出吴国到了阖闾统治的后期，不仅与邻国越国关系十分紧张，已到了剑拔弩张的地步。而且，国内的矛盾也已十分尖锐，大有一触即发之势。

知识点滴

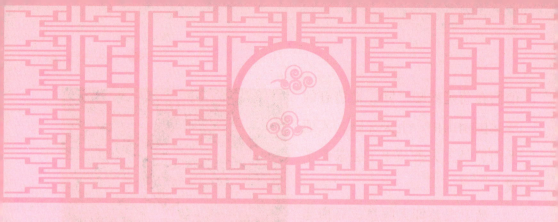

秦孝公迁都咸阳修奢华宫室

公元前350年，秦孝公在仰观天象和俯察地理之后，毅然把都城从临潼的栎阳迁到了山之南水之北的咸阳。选择咸阳作为未来的国都，

是秦朝历史的重要转折点。

　　咸阳四面环山易守难攻，同时处于关中四通八达的交通枢纽，最重要的是咸阳所在的关中地区雄居黄河中游，地势西高东低，可以形成对黄河下游各个诸侯国居高临下之势。统治地位优越，选择咸阳透漏出的是秦王的雄心和抱负。

　　秦王定都咸阳后，就开始筑冀阙，修宫室，由此拉开了营建秦代咸阳宫的序幕。

　　咸阳宫的修建首先是用黄土层层夯打垒起一个6米高的夯土台，夯台的最高点是处理政务的主体殿堂，殿堂东西长60米，南北宽45米，周围有回廊环绕。

　　殿堂西侧有平台，借以远眺。南临露台，可俯瞰全城。北隔甬道与上层相连。上下两层是屋宇，屋宇内有取暖的壁炉和盥洗用的地漏，墙壁上装饰有用黑、赭、红等矿物质绘制的壁画。地面结实坚硬，用鹅卵石打磨光滑后，再涂一层朱砂。

夯台四周有排水池以利于宫殿排水，并配置有使肉类食物不易腐烂的冷藏窖。咸阳宫与其他宫殿之间又有复道、楼阁相连。

这种既能处理朝政，又能就寝、沐浴，并在通风、采光、排水等方面做了合理安排的多功能台榭建筑，设计精巧，是我国建筑史上新的里程碑。

从此，这座高筑在咸阳城的咸阳宫成为秦国政治、经济、文化的中枢和心脏。

尽管秦国的国君个个称得上英雄豪杰，但在秦建都咸阳144年的历史中，咸阳宫最杰出的主人莫过于秦皇嬴政了。

公元前259年，嬴政出生在赵国邯郸，他的出生与父亲做人质有着直接的关系。

13年后，嬴政登上了咸阳宫九五之尊的宝座。嬴政22岁那年，就在咸阳宫里举行了庄严的加冕仪式。

嬴政登基后，依靠尉缭、李斯等人的辅佐，以海纳百川的胸怀，广招天下的英才，在宏伟的咸阳宫运筹帷幄，一统六国的序幕渐渐拉开……"秦王扫六合，虎视何雄哉！挥剑决浮云，诸侯尽西来。"

公元前221年，39岁的嬴政终于实现了自己蚕灭六国的雄心，自称"始皇帝"。从此，伴随着咸阳宫每天晚上点燃的灯火，那书写在成捆成堆竹简上的公文，在秦始皇的朱批下"车同轨、书同文、衡同权、法同治"的主张和诏令传向全国。

虽然后来秦朝在渭河以南修建了许多宫殿，但秦始皇仍然"听事，群臣受决事，悉与咸阳宫"。

秦帝国建立以后，公元前220年又对咸阳宫进行了大规模的增修和扩建。当时宫门四开，仿效天上的"紫宫"，犹如天子星在人间再现，使咸阳宫更加具有帝王宫殿的气派。

从秦孝公营建咸阳宫到咸阳宫被项羽焚毁，历史上有名的事件，如商鞅变法、司马错伐楚、范雎相秦、荆轲刺秦、焚书坑儒、指鹿为马等都曾发生在这里。

但历史的演进，不会体恤生命个体的悲喜和沉浮，曾经主宰一切的秦始皇，在统一六国的10多年时间里，5次远途巡游。

雄伟的咸阳宫，伴随着始皇帝在河北沙丘的驾崩，即将结束它灿烂的华章。随着帝国大厦的倾覆，咸阳宫被项羽焚烧，时人形容"楚

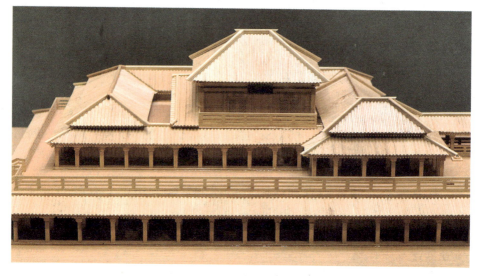

人一炬，可怜焦土"。

唐代著名诗人李商隐也无不感慨地说：

咸阳宫阙郁嵯峨，六国楼台艳绮罗。

自是当时天地醉，不关秦地有山河。

至20世纪70年代中期，经过考古专家的调查和发掘，在秦咸阳宫遗址区发现较大的宫室遗址3组，其中较完整与宏大者为1号遗址。

在咸阳城址北部的阶地上，约相当于城中轴线附近的地方，有一组高台宫殿建筑遗址，它坐落在秦代时的上原谷道的东西两侧，分为跨沟对峙的两部分，西侧为1号遗址，东侧为2号遗址。

西侧遗址保存较为完好，经过遗址复原后可知这是一组东西对称的高台宫殿，由跨越谷道的飞阁把两者连成一体，是极富艺术魅力的台榭复合体。遗址东西长60米，南北宽45米，一层台高6米，平面呈L形，可分为若干个小室。

南部西段的五室排成一列，西边的四室是宫妃居住的卧室，出土有内容丰富的壁画和一些陶纺轮。最东一室内有取暖的壁炉及大型的陶质排水管道，推测可能是浴室。浴室的一角是贮存食物的窖穴。

主体宫室建在高台之上，地表为红色，即所谓的"丹地"，门道上有壁画痕迹，表明这是最高统治者的厅堂。

在1号遗址的西南方，还有一处结构十分复杂的宫殿遗址。已发掘出的阁道两侧饰满彩色的壁画，壁画内容是秦王浩浩荡荡的车马出行图，其中有车马、人物、花木、建筑等题材。

古代宫廷壁画因为大都毁坏，所以这些保存下来的秦代的宫室壁画，具有很高的价值，在我国建筑史和美术史上占有重要的地位。

秦国是战国七雄中的强者，它不断蚕食他国，公元前228年向北进犯，已经俘虏了赵王，燕国危在旦夕。燕国的太子派荆轲做刺客，杀死秦始皇，以解亡国威胁。

荆轲出发前，做了3项准备：由勇士陪同自己行刺，带上秦王一直想杀死的樊姓仇人的人头，再拿上燕国打算献给秦王的最肥沃的燕地督亢地区地图。

荆轲到了秦国后，秦始皇在咸阳宫隆重接待了他。秦始皇见到荆轲后兴奋不已打开地图，但就在地图全部展开时，露出了一把匕首。

荆轲一个箭步跑过去，拿起匕首又拉住秦王，但秦始皇推倒挣脱而逃。围柱追逐一番后，秦王抽剑砍伤荆轲，众大臣侍卫随后用乱刀将荆轲杀死，荆轲刺秦的壮举就这样失败了。

知识点滴

秦始皇为炫德威建阿房宫

西安的阿房宫始建于公元前212年，是秦王朝的巨大宫殿，遗址在今西安西郊的阿房村一带。阿房宫是我国历史上最著名的宫殿建筑群，规模宏大，雄伟壮观，被誉为"天下第一宫"。

阿房宫在历史资料中的记载可谓是凤毛麟角。最终，人们才得出可信度最大的结论。那就是，几千年来人们所传说的阿房宫并非是不存在，而是根本没有建完。

秦始皇当年用了4年时间只建好了坚如磐石的土夯，直到秦始皇去世都没有建成阿房宫。到了秦二世时期，他为了完成先皇的遗愿，又

召集苦力打算建完阿房宫，而当时各地已经开始纷纷起义，最终阿房宫还是没有建成。

据史籍记载，秦始皇在统一全国的过程中，每征服一个国家，就把这个国家的宫殿用图绘出来，在京城咸阳附近模仿建造。于是，在当时的渭水北岸建成了各具特色的六国宫殿："冀阙""甘泉宫""咸阳宫""上林苑"等。

公元前212年，秦始皇还嫌先王所建的宫廷太小，因而又征发几十万人在渭水南岸修建规模更大的朝宫。北山的石料，楚蜀的木材，都运到了工地。

这个朝宫的设计规模庞大，全部工程直到秦朝灭亡时都没有完成，因而朝宫也没有正式命名，只因前殿所在地名叫阿房，所以人们把这宫殿叫阿房宫，意即咸阳宫的近旁。

阿房宫只建成一座前殿，位于西周京都丰镐附近，也就是现今的

西安市西郊赵家堡和大古村之间。殿廷能容万人，矗立五丈高的大旗，其规模之大令人震惊。

阿房宫规模如此之大，一方面是为了显示皇帝的威严，另一方面是为了容纳更多的朝见者。又收天下兵器熔铸成12个铜人，各重24千克。为防刺客藏兵器入宫，用磁石作为大门。

公元前210年，秦始皇在出巡途中病逝。因为要给他赶修骊山陵墓，也就是现今的秦始皇陵，阿房宫曾一度停工，次年又复工了。

公元前207年，项羽率楚军进入关中。传说项羽放火焚烧了阿房宫，大火3月未熄，阿房宫因而变成一片废墟。但是，后人经过仔细研究，却始终没有找到阿房宫被烧毁过的证据。

然而，阿房宫经过2000多年的风雨涤荡，尘世沉浮，至今犹存。经专家考古，阿房宫共发掘出了前殿、上天台和磁石门等遗址。

前殿是阿房宫的主体宫殿。前殿现存一座巨大的长方形夯土台基，西起长安县纪阳乡古城村，东至巨家庄，经探测实际长度为1300

多米，宽400多米，是我国目前已知的最大的夯土建筑台基。

台基由北向南呈缓坡状。南面坡下探出大面积路土，为一广场，广场南沿有4条道路向南延伸。台基东边和西边是现代挖成的断崖。北边是三层高出地面的台阶。

20世纪50年代初，台上东、西、北三边都有土梁且连接在一起，现仅残存北边土梁，其高出台面两米多，略短于台长，应为倒塌了的夯土墙，发现有绳纹、布纹瓦片，分别有一戳印，上有"千右，北司"文字。

上天台遗址位于阿房宫村南，俗称"上天台"。上天台台上西北角有一条向西伸出的坡道，直通台下。坡道底宽上窄。台下夯土基向北直至阿房宫村附近。台下北边还残留一段白灰墙迹。台下四周地面散见战国晚期至秦的细绳纹和中绳纹瓦片、几何纹空心砖块、红陶釜

片和许多烧红了的土块。

磁石门为秦阿房宫门阙之一。秦阿房宫的建筑以磁石为门，一是为防止行刺者，以磁石的吸铁作用，使隐甲怀刃者在入门时不能通过，从而保卫皇帝的安全。二是为了向"四夷朝者"显示秦阿房宫前殿的神奇作用，令其惊恐却步。

阿房宫遗址至今风骨犹存，但是这些辉煌建筑都已不复存在。我们要想知道阿房宫的全貌，也只能从唐代大诗人杜牧的《阿房宫赋》里鉴赏了：

六王毕，四海一。蜀山兀，阿房出。覆压三百余里，隔离天日。骊山北构而西折，直走咸阳，两川溶溶，流入宫墙。五步一楼，十步一阁；廊腰缦回，檐牙高啄；

各抱地势，钩心斗角。盘盘焉，囷囷焉。蜂房水涡，矗不知几千万落。长桥卧波，未云何龙。复道引空，不霁何虹？高低冥迷，不知西东。

知识点滴

阿房宫中的12铜人像是秦始皇集天下兵器所铸造的。传说，秦国有一位将军，名叫阮翁仲，据说此人身高约4米，异于常人，秦始皇派他随蒙恬将军北征匈奴，后来战死疆场。

有一天，秦始皇做了一个梦，梦到阮翁仲将军让他收尽天下兵器以防叛乱。在统一六国后，秦始皇命令收集天下兵器铸其铜人像。

所以后人说：秦始皇销毁兵器和铸造铜人像的根本目的在于防止叛乱，是维护其统治的政治举措。

汉代四宫

　　长乐宫遗址在陕西省西安市西北郊阁老门村。始建于公元前202年，由前殿、宣德殿等14座宫殿台阁组成。

　　未央宫与长乐宫相隔近500米，是西汉几个小王朝的政治中枢。未央宫始建于刘邦称帝后的第七年，由40多座殿台楼阁组成。

　　建章宫创建于汉武帝时期，位于未央宫侧旁。建章宫建筑组群的外围筑有城垣。

　　甘泉宫遗址位于陕西省咸阳城北的凉武帝村，总面积约600万平方米。

由秦代兴乐宫改建的长乐宫

在2200多年前，汉高祖刘邦定都长安后，我国历史自此进入了延续200多年的西汉帝国时期。随着西汉帝国的不断繁荣和昌盛，长安城也在不断修建和扩大。

当时，长安城中最大的宫殿是长乐宫。长乐宫原本是秦代的离宫兴乐宫，刘邦定都长安后，便将这里扩建为布政之宫，更名为"长乐宫"。

长乐宫宫城"周回二十里"。据有关考古探测，宫面积

约6000平方米，约占当时长安城总面积的六分之一。

长乐宫宫城平面形制略呈方形，南墙在覆盎门西有一曲折，其余各墙都为直线。整个宫城为夯筑土墙，厚达20多米。

宫墙四面各设一座宫门，其中东、西两门是主要通道，门外有阙楼，称为东阙和西阙。南宫门与覆盎门南北相对。东、南两面临城墙，西隔安门大街与未央宫相望。

长乐宫内有14所宫殿，均坐北向南。其中前殿位于南面中部，前殿西侧有长信宫、长秋殿、永寿殿、永昌殿等。

前殿北面有大夏殿、临华殿、宣德殿、通光殿、高明殿、建始殿、广阳殿、神仙殿、椒房殿和长亭殿等。另有温室殿、钟室、月室以及秦始皇时在兴乐宫中建造的高达40丈的鸿台。

后来考古发现，长乐宫具有罕见的排水渠道，在一米多深的地下，两组陶质排水管道如两条南北向的巨龙汇聚在一条长达57米的排水渠。

排水渠道由一条排水渠和长短不一、粗细不均的排水管道共同构成。在接纳了来自南方和东方的各个排水管道的污水之后，便向西北方流去。

这组排水设施由两座沉淀池和数段圆形或五角形排水管道组成，两个沉淀池分别位于西部的两个庭院中，有管道相通。进出水管道高低计算精准，从房顶下来的雨水先汇入庭院中的沉淀池中，待杂物沉淀后，清水最后通过压在半地下通道下面的双排水管排到建筑之外。

这样就能保证排水管道不被堵塞，只需定时清理沉淀池就可以了。这充分体现西汉时期我国皇宫建筑的高超水平。

经过考古勘探和发掘，长乐宫4号宫殿有2000平方米，房子为半地穴式，鹅卵石铺地后砂浆抹平地面，墙壁涂有白灰，并饰有夺目的彩绘壁画，通道和台阶铺有精美的印花砖，显示出独特的审美取向。

后来发掘出的5号宫殿遗址形制独特，遗址围墙特别厚。据专家推测，这里就是用来储藏冰的"凌室"，厚厚的墙壁有利于保持室温，所藏之冰用来储藏食物、防腐保鲜和降温纳凉。考古还发现，长乐宫6

号宫殿遗址是一座大型夯土台基，结构精巧。

在长乐宫6号宫殿遗址西部有一组3室的半地下房子和分割的4个庭院。东部是一组夯土围成的庭院，庭院靠西北角有一眼深8米的水井，东边的夯土一直延续至北面30米处的4号遗址。据专家推测，夯土上当初可能是房屋或走廊。

这处规模宏伟的建筑，除了房屋、水井、院落外，紧贴夯土台基的一条半地下通道，专家认为，这极有可能是皇宫中的秘道，是皇族们为了预防不测而设置的安全通道。

长乐宫是西汉初年的皇宫，汉高祖刘邦迁都长安后，就在这里接见群臣与朝会诸侯。因此，长乐宫是当时主要的政治活动中心。

从汉惠帝起，西汉皇帝就移居未央宫听政，长乐宫就仅供太后居住，从而形成了"人主皆居未央，而长乐常奉母后"的制度。由于长

乐宫在未央宫之东，因此又称为"东宫"或"东朝"。

长乐宫从汉惠帝时就失去了正宫地位，但由于是汉惠帝母后之宫，尤其是后来吕太后临朝称制以及外戚专权之时，长乐宫仍然是当时左右朝政的政治中心。

西汉末年，王莽篡位，建立了新朝，王莽仍然居住在汉朝宫殿，并将长乐宫更名为"常乐室"，但新朝覆亡时，长乐宫也于战火中焚毁了。

知识点滴

韩信是我国历史上著名的将领，也是汉朝的开国功臣，被汉高祖刘邦封为齐王。刘邦自知军事才能不及韩信，所以对韩信十分疑忌，时常希望削弱韩信的权力。

刘邦先将韩信从齐王调为楚王。不久，刘邦又托辞到楚国的云梦出巡，亲自生擒韩信，再以罪名贬韩信为淮阴侯。

后来，汉朝发生内乱，刘邦亲自出征平乱。韩信想借此机会在长安造反，但被人告发。吕后便与萧何商量，诈称内乱已经平息，下令韩信等大臣入宫道贺。

韩信入宫后，立刻被预先埋伏的武士捉拿，最后在长乐宫被杀。

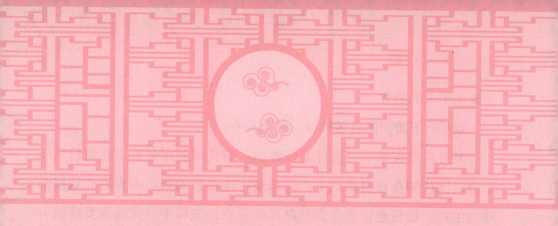

历史上存在时间最久的宫殿

未央宫建于长乐宫修复后不久，是汉高祖称帝后的公元前200年。未央宫由40多座殿台楼阁组成，宏伟壮观。这组宫群是由刘邦的重臣萧何监修。

当时刘邦在山西一带与韩信作战，让萧何镇守关中，同时监修未央宫。

不久，刘邦从前方打仗回到长安，见萧何把未央宫修得这么宏丽，甚为不悦，生气地问萧何："天下匈匈，苦战数岁，成效未可知，是何治宫室过度也？"

萧何回答说："天子以四海为家，非今壮丽亡以重威，且亡令后世有以加也。"也就是说未央宫壮丽的外观是为了显示帝王的威势。

刘邦听了萧何的这番解释，转怒为喜。

未央宫是在秦章台遗址上修建的。秦代时利用龙首山北麓修筑了章台，汉代初在章台基础上，又修筑了未央宫前殿。未央宫建筑以前殿为主体，前殿遗址迄今仍然高高屹立在长安城中。其他重要建筑分布在前殿周围，其中以前殿东南和西北部各种宫室建筑最为密集。

未央宫规模之大、殿宇之盛，确实在当时达到了一个新的高峰。它以位于今西安西北郊的西马寨村北的前殿为中心，向四面展开，使宫殿布局协调大方，整齐美观。

自未央宫建成之后，汉代皇帝都居住在这里，所以它的名气之大远远超过了其他宫殿。在后世人的诗词中未央宫已经成为汉宫的代名词。

那时的未央宫又称紫宫或紫微宫。我国古代天文学家分天体恒星为三垣，中垣有紫微十五星，也称"紫宫"。紫宫是天帝的居室。把未央宫称为紫宫，因为它是天子的皇宫。未央宫四周筑有宫墙，形成宫城。

未央宫是我国历史上存在时间最长的宫殿。在汉高祖刘邦之后，王莽政权、西晋、前赵、前秦、后秦、西魏、北周都以此作为中央政府的行政枢纽。而西汉的许多重大历史事件曾经发生在这里。

汉朝大臣苏武出使匈奴，漠北牧羊19年，完节归汉，在这里受到汉武帝的表彰；少年将军霍去病在这里领取兵符，率军西征，打通匈奴窜扰的河西走廊；张骞在这里领取诏令，两次出使西域，开辟了"丝绸之路"，并在这里向朝廷禀报了西域的见闻；王昭君在这里自愿请行出塞，和亲匈奴。千年来，被后人誉称"女中英贤"。

未央宫内的"天禄阁"和"石渠阁"，乃是汉朝的"典籍之府"。这里珍藏着大量的图书，可以说是我国最早的国家图书馆。司马迁的《史记》就是在这里参阅图书、史料而撰写成的。

正是因为汉代有座未央宫，所以古今名人雅士在行文作诗时也常用"未央"一词。那么未央是什么意思呢？

究根溯源，"未央"一词出自古代第一部诗歌总集《诗经》："夜如何其？夜未央"。未央就是未尽、未深的意思。

在唐代伟大的现实主义诗人白居易的《长恨歌》中就有："归来池苑还依旧，太液芙蓉未央柳"的诗句。

唐代也有一座未央宫，只是这座未央宫被划入长安城中，是宫苑中的宫苑。

知识点滴

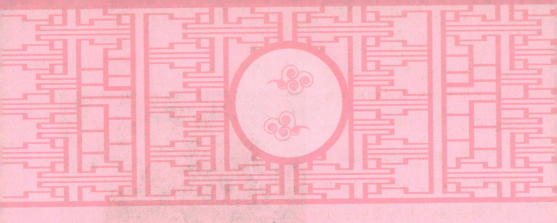

建在秦章台上的绝代皇宫

　　未央宫是我国西汉的皇家宫殿，位于西汉都城长安城的西南部，今陕西西安西北处。因在长乐宫的西侧，汉代称为西宫。公元前200年，在秦章台的基础上修建的，同年自栎阳迁都长安。

　　"未央"一词出自《诗经》："夜如何其？夜未央"。

　　由此可见，"未央"的意义就不难理解了。"未央"就是没有灾难，没有殃祸，没有祸患的意思。此外，从文献记载来看，神仙长生术在汉代非常盛行。

　　秦皇汉武希冀长生不老，听信神仙方士之言，不惜多次上当受骗，花费巨大的财力、人力寻求、烧炼不死之药。尽管它们最终都未逃脱死亡的结局，但他们的行动却在秦汉社会中造成了巨大的影响。

汉代未央宫是君臣朝会的地方。总体的布局呈长方形。占长安城总面积的七分之一，较长乐宫稍小，但建筑本身的壮丽宏伟则远远超过了长乐宫。

未央宫宫城四面各辟有一门，称为宫门，又称司马门。未央宫的4座宫门，以北门和东门来往人员最多，因此萧何在修建未央宫时，先修了北阙和东阙。

之所以如此，主要有两个原因，一则长安城北部集中了大量的宫殿和人口，人们进出未央宫从北面走方便得多。二则西汉时期，与长安一水之隔的渭北咸阳原上是汉朝皇陵区，而且在长陵、安陵、阳陵、茂陵和平陵均设置了陵邑，五座陵邑是京师重地，集中了大量的官僚和人才。

由于帝陵修建和管理的需要，北门作用很大，因而长安城和未央宫的北门都是重要通道。

从长安城内布局来看，未央宫位于城内西南隅，桂宫、北宫和明光宫均在长安城北部与东北部，它们与未央宫之间的交通，以进出未央宫北门最为方便。

百官和外国酋长、使者到未央宫朝见天子也要走北宫门。而东门阙的修建是由于东边有长乐宫，皇后们住在长乐宫，因此皇帝经常要到东宫去办事。

当时，进入北宫门有南北大街直达未央宫前殿。北宫门外有高大的阙楼，称北阙。阙是门前的两个高耸建筑物，对称分布于门外的门道两旁。

皇宫宫门前的阙是宣布国家政令和张贴重要安民告示的地方。文武大臣进皇宫宫门之前都要在阙下等候。根据礼仪，他们要在阙下想想自己有什么不足，意思就是"缺"什么。

阙上有"罘罳"，"罘罳"是把木头镂空雕刻成各种连接的几何图形，观其形状，反复不得其解，所以称为"罘罳"，实际是"复思"，即反复思考。阙上装饰了"罘罳"就是要求大臣朝见皇帝行至阙下要反复考虑自己的奏章。

在西汉时期，谒见皇帝之士和上书奏事之官，都要到北阙之下等候召见。北阙之内有许多重要的建筑，如高入云天的柏梁台、学者云集的天禄阁、石渠阁等。

北阙之外还有许多达官显贵的宅第，他们以居住在北阙附近而深感荣幸。此外，北阙还是重要的行刑之处，楼兰王和南越王被斩首后，其头颅都曾经悬挂于北阙之下。

在西汉中晚期的历史记载中，多次提到未央宫有金马门。此门名称的来历是因为汉武帝时，不惜通过战争得到了一匹大宛的良马，汉武帝十分喜爱它，于是下令仿照此马铸成了一具金光闪闪的铜马，安放在当时的"鲁班门"之前，并将"鲁班门"更名为"金马门"。

后经考证，金马门就是未央宫的北宫门。汉代不少名人，如公孙弘、东方朔、主父偃、严安和徐东等人，都曾待诏金马门。金马门又简称"金门"。

未央宫东宫门有东西大街直达未央宫前殿。未央宫东宫门可能比北宫门更重要。诸侯王朝见皇帝都要进东宫门，因此有"朝诸侯之门"之称。皇亲国戚来往于未央、长乐二宫都要出入东宫门。

未央宫南宫门与西安门基本上南北相对，从宫门有道路直通前殿南部。未央宫西宫门位于卢家口村南，有东西大街从宫门通往前殿。

未央宫前殿为西汉一代大朝之地，是宫殿中最重要的地方，因此

其建筑之豪华也是其他宫殿所无法比及的。据《三辅黄图》记载，未央宫的建筑所用的木材都是清香名贵的木兰和纹理雅致的杏木。屋顶橡头贴敷的金箔，在阳光照射下熠熠发光。

前殿华贵的大门上装饰着鎏金的铜铺首和闪光的宝石。窗户上雕饰着古色古香的花纹，回廊栏杆上雕刻着清秀典雅的图。

洁白无瑕的玉石础石上耸立着高大的铜柱，使殿堂显得格外壮观，紫红色的地面、金光闪闪的壁带烘托得大殿富丽堂皇、分外壮观。

前殿的正门在南面，称为端门。门前有谒者10人，全副武装，手持长戟，日夜守卫。门内是广阔的庭院。每逢朝会，庭院中的旌旗迎风招展，仪仗浩浩荡荡。

功臣列侯诸将军列队站在西边，面向东方。丞相、御史大夫和太常等文职官员列队站在东边，面向西方。

　　庭院之北则是前殿上的三大殿。大朝正殿是中间台面上的大殿，坐北朝南。国家的大事往往是在正殿北部的宣室里决定。

　　由于宣室居于前殿最高处，本身建筑犹如台阁，所以又称之为"宣室阁"。前殿正北除宣室外，还有非常室，这是皇帝在前殿下朝的居处。

　　考古发现，前殿是未央宫的主体建筑，居未央宫正中。它利用了龙首山高大丘陵形成的高台作为殿址。前殿遗址的高大台基，至今仍高高耸立于汉长安城之中，其南北长350米，东西宽200米，高15米。

　　地形由南向北逐渐升高。台基由南向北可分成低、中、高三层台面，中间台面的主体建筑是前殿的中心建筑物。

　　未央宫前殿遗址，是目前我国历史上保存最完整、规模最大、最有代表性、时代较早的高台宫殿建筑遗址之一。

知识点滴

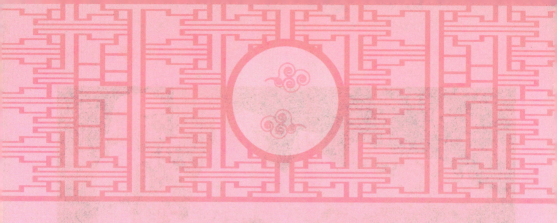

皇帝居所和后妃宫室建筑

在未央宫的前殿，建有皇帝冬天居住的温室殿和夏天居住的清凉殿。从前殿往里走，就是皇帝后宫佳丽的住所。

温室殿是汉武帝时期修建的，殿内有清洁卫生、设计别致的壁炉，炉内以木炭取暖。殿的内壁用椒泥涂抹，墙壁上披挂着文绣的丝帛。

殿中的木柱以清香的桂木制成，殿门之内设置了能反射出五光十色色彩的云母屏风，紫红色的地面之上，铺放着西域地毯。

清凉殿又名延清室。殿内陈放着线雕图案的白色玉石床，床上罩着紫色琉璃帐，床边放着盛有冰块的水晶石制作的鉴盘。

据《三辅故事》记载，汉武帝的宠臣董偃，经常在清凉殿中休息。

夏季的一天，董偃热得喘不过气来，他躺在清凉殿中的玉石床上，仆人从冰室给他取来了大量冰块，放在殿内的许多冰鉴之中，他还觉得没有凉意。于是他索性将床边竹几上的盛放冰块的水晶石鉴盘放在床上，靠近身边。

仆人进殿后，看到董偃身边的水晶石鉴盘，以为是冰块置于石床之上，怕冰融而弄湿石床，于是用手拂动冰块和鉴盘，结果冰盘俱碎。由此可见，鉴盘水晶之清莹，虽然近在咫尺，却冰、玉难辨。

西汉皇帝奢侈无度，后宫妃嫔、宫女数量多得惊人。皇帝把她们分成昭仪、婕妤、娙娥、傛华、美人、八子、充依、七子、良子、长使、少使、五官、顺常、无涓等14个不同等级。

根据这些后宫妃嫔、宫女的不同等级，享受不同的待遇，住在不同的宫殿建筑里。因而，后妃宫室建筑规模相当宏大。

皇后的宫殿，称椒房殿，位于前殿北面。椒房殿取名是由于这个宫殿是以椒和泥涂抹墙壁。这样做一则可以使墙壁呈现暖色，室内有温暖的感觉。二则可以使宫殿中芳香袭人。

椒房殿的遗址已经进行了考古发掘，东西150米，南北200米，平面为长方形。其结构与皇帝大朝的前殿一样，由正寝和燕寝两部分组成。

汉武帝时，皇帝的后妃宫殿分为八个殿，有昭阳、飞翔、增成、合欢、兰林、披香、凤凰和鸳鸯殿。后来又增修了安处、常宁、茝若、椒风、发越和蕙草殿，共14座宫殿。

汉成帝爱妃赵飞燕，因其贵倾后宫，住在昭阳殿。此殿由建筑师丁缓和李菊负责建造，建筑十分考究，居后宫诸殿奢华之首。

昭阳殿也是以花椒粉和泥涂抹墙壁，涂饰富贵的朱红色，整个宫殿涂上各色光亮照人的大漆。

殿的椽梁之上，雕刻着萦绕其间的蛇龙纹饰，龙鳞蛇甲，分外鲜明，栩栩如生。墙壁露出的横木之上，镶嵌着醒目的鎏金铜沓，铜沓之上装饰有蓝田美玉制作的玉璧、闪闪发光的明珠和墨绿色的翡翠。

昭阳殿中用绿色琉璃制作的窗和光耀夺目的门帘相映生辉。门帘是以五光十色的珍珠串联而成。清风徐来，门帘摆动，宝珠轻碰，声如珩佩，如临仙境。

门帘挑起，闯入眼帘的是金黄色的硕大铜铺首，鎏金的铜门槛夹置于洁白的玉石门臼之间。

进入殿内，殿上陈列着九条跃跃欲飞的金龙，龙口之中各衔一枚"九

子金铃"，五色的流苏，绿
色的绶带，令人目不暇接。
雕画精细的屏风背后，有陈
设清雅的玉几和玉床。难怪
人们称誉昭阳殿"巧为天下
第一殿"。

婕妤以下的皇帝妃嫔，都
住在掖庭。掖庭也是一组宫
殿建筑，其中包括丹景台、
云光殿、九华殿、鸣銮殿、开襟阁和临池观等。

虽然掖庭比椒房殿的主人地位低，但作为皇帝的宠幸妃子们的居
室，其建筑自然也是堂皇富丽的。

汉代人非常喜欢以草木之名命名宫殿。未央宫的后宫佳丽
成群，她们所居住的宫殿，或称合欢殿，或称兰林殿，或称蕙
草殿，华木香草非常繁茂。

合欢树的叶子是羽状，白天张开，夜晚闭拢，夏秋花色粉
红，嫔妃居合欢殿确实相宜。合欢花就是马缨花。兰并不是后
来常指的兰花，而是古代的木兰或泽兰。茝即白芷，外形很像
杜若，俗称竹叶莲，花为红色，都是香草。蕙也指兰，花呈黄
绿色，也属于香草。

知识点滴

汉宫内的六大文化性建筑

　　未央宫城内有很多文化类建筑，这些建筑足以显示出西汉时期对文化的重视。未央宫中的文化性建筑物大多是用于存放图书、历史档案和开展学术活动。

　　这类建筑主要有石渠阁、天禄阁、麒麟阁、承明殿、曲台殿和金华殿等。

　　石渠阁在未央宫西北部，石渠阁因"石"而得名，所谓"石渠"，即以砻石为渠。

　　据传石渠阁是萧何主持建造的，秦朝末年，刘邦率军进占咸阳后，萧何收秦朝图书典籍和档案。西汉初期，石渠阁建成后藏之于其中。

石渠阁实际是西汉时代中央政府的图书馆和档案馆之一。汉成帝时，曾把汉朝政府国家档案，收存于石渠阁中。由于石渠阁中有大量图书和档案材料，许多著名学者、文人都曾到那里查阅资料。

西汉中晚期，石渠阁又成了长安城中的学术讨论中心，学者们在这里谈古论今。大学者韦玄成被任命为淮扬中尉以后，皇帝就曾诏命他与萧望之等"五经诸儒"在石渠阁研讨问题。

此外，当时的社会名流和文人都曾在石渠阁举行过各种各样的集会和活动。该遗址迄今还在未央宫前殿西北，今存夯土台基南北长65米，东西宽67米，高约8米。

天禄阁在未央宫北部，西距石渠阁500多米。天禄阁遗址中部为高台建筑的夯土台基，现存高10米左右，底部呈方形，边长20米，台顶有后人修建的"刘向祠"，这是人们为了纪念西汉学者刘向在天禄阁整理典籍、著书立说而营建的。

天禄阁的功能主要是存放文史档案，也藏有许多重要典籍。除上面提到的刘向之外，西汉不少著名学者，如大文学家扬雄等，都曾在

天禄阁中工作过。

麒麟阁，也称麒麟殿。据说在汉武帝时，人们捕获了一只麒麟，这在当时是一件大事情。为了纪念这件事，特意下令修筑了这座建筑物，并将麒麟的图像绘在殿阁的墙壁之上，这就是麒麟阁名称的来历。

麒麟阁内壁画十分有名，除绘有麒麟壁画之外，还有西汉功臣画像壁画。公元前51年，匈奴首领单于来到长安，谒见汉朝天子。汉宣帝为了纪念这件事，就把许多功臣的画像，作为壁画绘制于麒麟阁上。

壁画上的人像绘制十分逼真，呼之欲出。人像旁刻上各自官爵姓名。麒麟阁也是藏书之地，大文人扬雄曾在此校阅图书。该遗址在天禄阁的西北。

承明殿位于石渠阁附近，约在石渠阁与天禄阁之间。承明殿属于"著作之庭"。文人学者们在这里饮酒作赋、著书立说。

曲台殿和金华殿是讲授礼教学问的地方，所谓"曲台说礼，金华说书"就是这个意思。曲台也是学者们校阅精典、著作文章的地方，汉武帝曾让后仓在曲台校书著文，他在曲台高谈阔论礼教之学达数万

言，所以人们送他个绰号，叫"曲台说"。

曲台官员有署长，孟喜曾出任过此职。郑宽中、张禹曾在金华殿给汉武帝讲解《尚书》《论语》等文献。这样由6个文化类建筑组成一个学术文化活动中心，足以反映出西汉时期对文化建设之重视。

未央宫中还有朱鸟堂，也称寿成朱鸟堂，这里主要用来放置收藏地理方面的书籍。西汉末年，全国各地地理学者都汇集于朱鸟堂，校阅地理书籍。

知识点滴

西汉初年，长安作为统治阶级的国都开始设计修建时，丞相萧何就在未央宫中主持修建了天禄阁与石渠阁。

西汉初，继续推行秦朝的"挟书之律"，即规定民间不准藏书的禁令。汉惠帝时，为收集和整理图书，废除"挟书之律"。汉武帝更积极地收集整理书籍，命令丞相公孙弘"广开献书之路，建藏书之策，置写书之官"，"下及诸子传说，皆充秘府"。

汉成帝时又遗谒者陈农"求遗书于天下"，并分类整理。经过几代帝王的努力，秦末散佚的图书又被发掘和整理出来，集中到长安的书籍共有约600家，13200多卷，藏于天禄阁与石渠阁。后来司马迁就是参考这些书，写成了50多万字的不朽巨著《史记》。

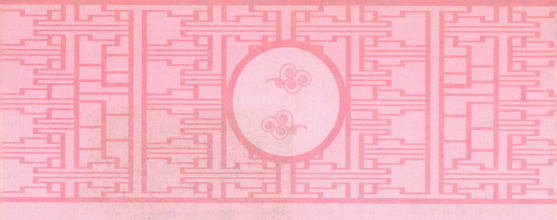

未央宫内的娱乐性建筑

　　未央宫内有很多娱乐性的建筑供皇家贵族宴饮接待、怡情养性。这些建筑有柏梁台、白虎殿、织室、暴室、弄田、沧池等。

　　柏梁台是汉武帝于公元前115年兴建的，位于未央宫北司马门内南北大街的西边。柏梁台以清香的柏木为建筑物的梁架，因而取名"柏梁台"。

柏梁台高数十丈，建筑物的顶部装置了高大的、金光闪闪的铜凤凰。柏梁台建成后，汉武帝曾经在台上大摆酒宴，诏命文武大臣咏歌唱赋，为其歌功颂德。

可惜这座宏伟建筑物，仅存在10余年，在公元前104年就毁于一场大火灾。

白虎殿是西汉晚期皇帝活动的重要场所，汉成帝经常活动于白虎殿之中。公元前25

年，匈奴首领单于来长安，朝谒汉成帝于白虎殿。

白虎殿还是皇帝召见直言之士为其统治出谋划策之地，汉成帝最后就死于白虎殿之内。

王莽当政后，就曾在白虎殿大摆酒宴、慰劳将帅、封官拜爵。可见白虎殿在西汉晚期是未央宫中一座相当重要的宫殿建筑。

正因为这样，所以西汉晚期的皇亲国戚大治宅第都以仿照白虎殿的建筑为追求目标。如成都侯王商，就在园中堆起土山建台，营筑仿造白虎形制的宫室。

由于这在封建社会是被看做大逆不道、超越等级的，所以汉成帝知道后十分恼火，王商几乎遭到杀身之祸。

织室是皇室为各种高级绣织品建造的专门手工作坊，其规模相当庞大，又分为东织室和西织室。应是专为皇宫纺织服务的部门。织室

的工徒很多，未央宫中为他们单开一座门叫做室门。

暴室是属于织作的染练之署。织室和暴室均坐落在未央宫西北。当时由于丝绸之路开通，有大量的丝绸经过西域进入中亚、西亚和欧洲。

马是当时皇帝和大臣的代步工具，因而长安城未央宫中设有养马之地。未央宫中就有"未央大厩"。《汉官仪》中记载：

未央宫六厩，长乐、承华等厩令，皆秩六百石。

未央宫中的弄田是为天子专辟的象征性耕地。公元前86年，年龄刚满8岁的刘弗陵就当了皇帝，统治阶级为了鼓励男耕女织，就为小皇帝在皇城中选择了一块土地，让他进行象征性的耕种，以此作为天下百姓的表率。

于是，小皇帝便在此戏嬉、耍弄，于是这块地就被称为"弄田"。

在我国古代建筑中，从皇帝到达官显贵的宅第，既要有宽敞的居室和办公殿堂，又要营筑风景秀丽的假山和水池，未央宫也不例外。

未央宫西南开凿了沧池，池水面积近20万平方米。由于池水呈苍色，故称"沧池"。沧池不但美化了未央宫的环境，而且起到了保证、调节宫城用水的作用。

据《三辅黄图》记载："沧池，在长安城中。"

有专家经过考古调查认为沧池位于今西安市未央区未央宫乡西马寨村西南。故址现为一片洼地。

沧池是长安城中一大蓄水库，水源来自昆明池。城内用水量浩大，而且昆明池距城较远，水流至此，量不可能很多，因此必须有一个蓄水库大量储积来自昆明池之水，供城中各区周流之用。其次，水渠入城，这里地势低下，也需要有个水库提高水位，否则水就不容易

畅流。

沧池的作用是储积调节未央、长乐两大宫殿区的用水。沧池之中筑造了假山，即"渐台"，"渐"字当"浸"的意思讲，"渐台"就是置于水中的高台建筑。台上修建了楼阁亭榭。池光台影，风景宜人。

西汉末年，王莽被冲进未央宫的军兵追赶，从前殿仓促出白虎门，西逃至渐台。他本想依靠渐台四周的沧池之水阻挡住起义军的追杀，但是由于王莽军队土崩瓦解，人心四分五裂，众叛亲离，最后还是被商人杜吴杀死于渐台之上。

王莽新朝覆灭时，未央宫火烧3日，成为了汉长安城中第一座被毁坏的宫殿。

东汉迁都洛阳后，刘秀在公元42年巡行至长安，次年下诏"修西京宫室"，但修整规模终究有限，远远达不到萧何初建时的宏伟。

至东汉末年，未央宫已年久失修。

隋唐时期，整个汉长安城都被划入禁苑范围。唐高祖李渊曾"置酒未央宫"，庆祝"胡越一家"。

669年，李勣死，陪葬昭陵，及葬日，唐高宗"幸未央古城，登楼临送，望柳车恸哭"。

826年，神策军在禁苑中修未央宫，"掘获白玉床一张，长六尺"。据《唐会要》记载：841年也曾维修过未央宫，这大约是最

后一次维修，距未央宫始建已1040年。

904年唐昭宗被裹挟迁都洛阳后，在史书中就再也看不到未央宫的名字了，曾经盛极一时的未央宫从此以后便销声匿迹了。

在后人发掘的未央宫遗址中，出土了数以万计的骨签。这些骨签都是用兽骨制成，背面平直，正面弧背，经磨平，上刻有字，文字内容一般为纪年、工官名称、工官令、丞、令史等各级官吏和工匠名字。

在未央宫前殿西北，还发掘出一处官署遗址，高出地表一米多，发现有成排的柱础，内有封泥，推测是西汉皇室的少府或其所属的官署遗址，是执掌皇室钱财物品收入、开支的管理机构。

未央宫遗址中出土遗物除以上所列的木简和骨签外，主要有云纹、葵纹、文字、素面瓦当。

知识点滴

汉武帝为显国威修建章宫

西汉初年的宫廷苑囿，比较而言还不算奢侈，因而它无法满足好大喜功的汉武帝的需要。为了显示大汉的国威和富足，他大兴土木，

增修了建章宫，并修缮、扩充原有的宫室。

到汉武帝时期，汉代宫室在精美、舒适方面已经超过了秦代，规模较之秦代也不为逊色。

关于建章宫的修建，还有一种说法，就是104年，一场大火烧毁了未央宫的柏梁台。此时汉武帝本想营建新宫殿，但又嫌城中地方拥挤，根据巫者所说"有火灾，复起屋必以大，用胜服之"的观点，决定在长安城西墙外的上林苑中新修一座宫殿，这便是建章宫。

建章宫本是武帝为求仙所造，后来也成了选养美女的地方。武帝命将燕、赵地区的美女纳入此宫中。

建章宫位于长安城外，在未央宫西，跨城池作为飞阁，两宫相通，皇帝乘辇往来于两宫中间。

建章宫是一组建筑雄伟的宫殿群。据记载该宫由鼓簧宫、骀荡宫、天梁宫、函德殿、承光殿、鸣鸾殿6个殿，还有凉风台、避风台、曝衣阁、太液池、影娥池等组成，极尽豪华，甚为壮丽，因而被称为"千门万户"。

建章宫的正门称阊阖门，也叫壁门。此门建得高大、雄伟。

据史料记载："建章宫南有玉堂，壁门三层，台高30丈，玉堂内壁12门，阶陛皆玉为之。铸铜凤高5尺，饰黄金，栖屋上，上有转枢，向风若翔。檐首薄以璧玉，因曰壁门。"足见装饰之华丽。

建章宫前殿比未央宫前殿还高大，为西汉长安最高大建筑之一。凤阙位于建章宫北门。因上面各装置着一只铜凤凰，因而又名凤阙。

古代歌谣"长安城西双园阙，上有一双铜雀宿，一鸣五谷生，再鸡五谷熟"即指此。

宫内还建有"井干楼"。"积木而为楼，井干者，井上木栏也，其形成叫角成八角。"可见这座以木结构为主的楼，建得非常高耸。

奇华宫乃建章宫中珍藏奇宝之地。敷娑宫也非常大，骑马快跑，也需一天时间才能游完此宫。

位于建章宫北的"凉风台"，积木为楼。在太液池建有"避风台"，乃飞燕聚集之地。池西的曝衣阁，是每年七月初七"乞巧节"宫女们登楼晒衣之地。宫西有一"虎圈"，这里驯养着猛虎，这些经过驯服后的猛虎，可为皇族贵戚进行斗虎表演。

神明台是建章宫中最为壮观的建筑物，为汉武帝时期的建筑。武帝刘彻慕仙好道，于公元前104年至公元前100年修造神明台。

神明台台上有铜铸的仙人，仙人手掌有7人抱围之大，至于仙人之巨大可想而知。仙人手托大铜盘，盘内有一巨型玉杯，用玉杯承接空中的露水，故名"承露盘"。

汉武帝以为喝了玉杯中的露水就是喝了天赐的"琼浆玉液"，久服益寿成仙。神明台上除"承露盘"外，还设有9室，象征九天。常住道士、巫师百余人。巫师们说，在高入九天的神明台上可和神仙为邻通话。

神明台保持了300多年，魏文帝曹丕在位时，承露盘尚在。魏文帝想把它搬到洛阳。搬动时因铜盘过大而折断，断声远传数千米。铜盘勉强搬到灞河边，因太重再也无法向前挪动而弃置，后不知所终。

太液池位于建章宫前殿西北，是渠引昆明池水而形成的一个范围宽广的人工湖。遗址在三桥镇高堡子、低堡子村西北洼地处。池北岸有人工雕刻而成长的大石鲸，西岸有石鳖，另有各种石雕的鱼龙、奇禽、异兽等。

太液池中建有很高的渐台。为了求神祈仙，汉武帝还在池中筑有3

座假山，以像东海中的瀛洲、蓬莱、方丈3座神山。

太液池湖光水色，山水相映，景色宜人，是建章宫中著名的风景区。池中还置有鸣鹤舟、容与舟、清旷舟、采菱舟、越女舟等各种游船。汉成帝常在秋高气爽之季与后妃赵飞燕泛舟戏游于湖中。

太液池作为一个大的人工湖，为建章宫提供了大量蓄水。

知识点滴

　　汉武帝在神明台修建"承露盘"，其实承露盘中承接的仙露，不过是早晚由于温差凝结在盘中的水蒸气。

　　汉武帝就把这些凝结的水珠，当成了长生不老的仙露，将承接下来的露水交由方士。方士再将露水和美玉的碎屑调和而成后，让汉武帝服下，并且告诉汉武帝这样就能长生不老了。可是公元前87年，汉武帝还是死了。

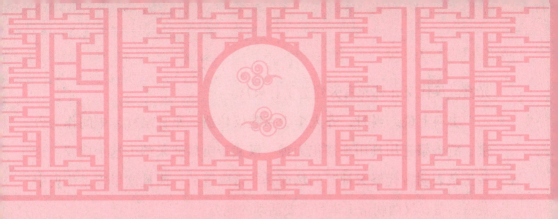

汉武帝在林光宫旁建甘泉宫

　　据史书记载，甘泉宫所在地是"黄帝以来祭天圜邱之处"，是黄帝升仙的地方。传说中的黄帝祭祀神灵，朝诸侯的万灵明庭就在甘泉。又记载，此地曾是匈奴祭天之处，秦国占领这里后，在此建造林

光宫。汉代又在林光宫旁建造了甘泉宫。

史料上说，当时，齐人李少翁建议建造一座甘泉宫，中间作为台室，置备祭祀用具用来祭祀天神。汉武帝听后便采纳了这个建议。这些记载表明古代祭天神时的场面是非常隆重的，而且这里曾是传说中黄帝，秦、汉两朝帝王举行重要活动的地方。

甘泉宫兴废的年代有待考证。现存遗迹有城墙、大型建筑夯土台基、陶窑等。南城墙长1.9千米，西城墙长800多米，北城墙长1.9千米，东城墙长800多米。城墙残高不等，周长约为5.6千米，夯土筑成。

在遗址中心区现存有西汉的石熊、宋代的石鼓各一件。附近发现有五角形陶水管道、各种陶质建筑材料及生活用具等。

根据纪传体通史《通志》的记述，甘泉宫有熛阙、前熛阙、应门、前殿、紫殿、泰时殿、通天台、望风台、益寿馆、延寿馆、明光宫、居室、竹宫、招仙阁、高光宫、通灵台等许多的宫殿台阁。甘泉宫内有木园，是武帝时代的园林，后来俗称仙草园。

明代的《读史方舆纪要》引自《括地志》记载，甘泉山曾有宫殿，就是秦始皇建造的林光宫。甘泉宫遗址周围方圆5千米。公元前

109年，在林光宫旁边建造了甘泉宫。

唐代的《括地志》里这样描述甘泉宫：宫周围近10千米，宫殿楼观大体规格和建章宫差不多。百宫之内都有府第。

秦始皇时期曾经建甘泉宫前殿，一直通向骊山，汉代又加扩建。汉武帝时扩建可以遥望长安城。汉武帝常在5月来到此地避暑，直到8月才回都城。在甘泉宫外有两个铜人，甘泉宫南面与甘泉苑相连。

甘泉宫作为汉武帝仅次于长安未央宫的重要活动场所，它不只是作为统治阶级的避暑胜地，而且许多重大政治活动都安排在这里进行。

甘泉山，位于淳化县北约25千米处，因出产甘泉而得名。甘泉山附近，历年来曾出土不少秦汉时期的建筑遗物，且瓦砾遍地。考古学家因此推测，林光宫和甘泉宫就在这一带。

为了进一步确定林光宫和甘泉宫的位置，有关专家在1978年至1979年内作了数次勘查。

宫城城墙遗迹在城前头村、凉武帝村、董家村附近，宫城城墙夯土残迹，历历在目，断断续续地暴露在地面上，高1至5米不等。城前头村有的居民房屋就筑在南墙中。

考古学家根据地面上暴露的城墙夯土残迹追踪，加上局部的钻探，大致已经摸清宫城城墙的范围。虽然仍有小部分埋于地下的城基未能完全摸清，但后人对整座宫城的城墙分布已经有了整体认识。

甘泉宫宫城城墙遗迹主要包括西城墙、北城墙、东城墙、南城墙和角楼建筑。

西城墙因地势的关系被分为南北两段，南段西城墙，因北侧受小沟的阻拦，折东而行，成为北墙西段。北城墙东行至城前头沟中断。

沟东的北城墙与沟西的北城墙并不是处在同一平行线上的，而是向北错了。这段距离就是西城墙的北段，可惜，由于年代过于久远，后人已经无迹可寻了。

城前头沟在后期形成后湮灭了西城墙北段。由此推断，西城墙的总长度共计890米。

那么，西城墙为什么自西南角北行后便向东折行呢，而沟东的北墙与沟西的北墙又为何北错呢？这要从地形上观察才能得到答案。

很明显，西墙北行610米后，就遇到了一条小

沟。迫使它非向东折不可。

东行超出小沟范围以后，又折向北行，再向东行，形成北墙。

这段西城墙，地面全部有迹可寻，城基残宽7米。夯土非常坚实，层次分明，每层厚薄不等，并有夯窝。

在离城墙西南角向北的墙外，有东西定向的一段夯土。紧挨此段夯土的北面，离现地面深达2.8米的地方，有一段东西向的南北的路土，向东直通进城墙内。

在路土的北面，又有一段东西向的夯土。通向城内的这段路土，很可能就是一个城门洞。

北城墙在城前头沟西的一段有600米，残墙全部暴露在地面上，残高不等。夯层夯窝情况如同西城墙。沟东的一段北城墙，位于凉武帝村北，即自城前头沟东沿起向东，伸延长约500米的一段夯土。从此再向东，直到武家山沟西沿约600米的一段，地面无存。

西段北城墙与东段北城墙南北相距280米。据上所述，北城墙的总长度共计1.95千米。

武家山沟北面一条小沟的东南角沟沿上有残存的城墙东北角，与小沟南的东城墙平行。城墙东北角被小沟割断，由此可见小沟是后期形成的。

在离台基东约200米的地方，向北有一段120米左右的东城墙残迹。残高约1米，夯层厚度不等。由此向南有600米的一段，地面上已无残迹可寻了。过了这600米，地面上又有100米左右的一段东墙，南端断处刚好与南墙相连。从此看来，东城墙的总长度共计880米。

南城墙东段，位于董家村以北、凉武帝村南，断断续续地暴露于地面，城基宽约8米。此段东西两边约有234米尚未查清。

城前头沟西的南墙西段，长约500米，全部暴露于地面。夯层厚薄不等，夯窝清晰可辨，南墙总长度共约2千米。

由此可见，当时的甘泉宫占地面积是非常大的，可以想见，古代帝王宫殿的奢华。

甘泉宫是富丽豪华宫殿群的总称，凉武帝村一带是甘泉宫的主体建筑所在，在此周围还有许多附属的宫、观、台等建筑。甘泉宫的建筑规模仅次于长安的未央宫。

《关中记》中记载，甘泉宫在汉武帝建元中增广后"周围十九里一百二十步，有宫十二台十一"。

古老的古宫殿，直到今天，在遗址上仍能见到零散的建筑台基和城墙残迹，见到遗物的建筑材料，如铺地砖、空心砖、子母砖、板瓦和筒瓦等。还包括各种石刻，如汉代石熊和宋代题记石鼓。这些文物成为我国研究古宫殿的珍贵实物资料。

大明宫

　　大明宫是唐代长安城禁苑，位于陕西省西安东北部的龙首原，是唐朝的政治中心。该宫始建于634年，周长为北京紫禁城的4倍。

　　大明宫共有11个城门，东、西、北三面都有夹城。南部有3道宫墙护卫，墙外的丹凤门大街宽达176米，至今仍然是世界上最宽的街道。

　　唐大明宫是我国古代最为宏伟和最大的宫殿建筑群，同时也是世界史上最宏伟和最大的宫殿建筑群之一。

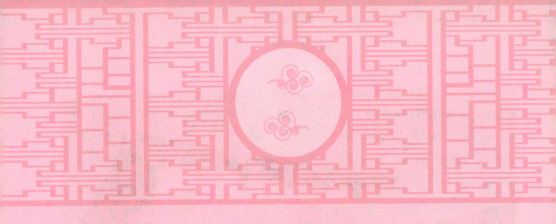

唐太宗为太上皇建大明宫

唐大明宫是长安城三大宫殿群中规模最大而又最豪华壮丽的宫殿群。它雄踞于城北禁苑的龙首原上，在其上望终南山峰了如指掌，俯视京城坊市街陌如在槛内。

那么，唐大明宫为何要建在高高的龙首原头，又为何要以"大明"两字为宫名呢？

关于大明宫的由来，还有一段名不见经传的典故呢！

据说，唐高祖李渊和唐太宗李世民初建唐朝时，长安城内只有太极宫一处皇宫。而这太极宫也不是唐朝新建的，而是隋朝旧有的。

李渊做了大唐王朝的开国皇帝

后，就想着另辟新的豪华富丽的宫殿，以尽享人间安乐，但由于李世民和众贤臣的劝谏，他只得作罢。

后来，李世民做了皇帝，他尊李渊为太上皇，让他在宫中安度晚年。李渊是个贪于享乐之人，他不满足于太极宫里的享乐，嫌太极宫地势低，秋日潮湿，夏日闷热，更嫌太极宫里宫室狭小和陈旧。

因此，他整日闷闷不乐，深深后悔当日在帝位上时，没有当机立断地建造一两处显赫华美的宫殿。

唐太宗见父亲不乐，在看望父亲之时，便问父亲有何不适和要求。

李渊闭口不说。

日理万机的唐太宗便没有再深究此事。

不久，李渊终于忧郁成疾，唐太宗这才急了，又问父亲，李渊仍不开口。

唐太宗只好去问母亲窦太后。窦太后是个明理之人，她虽说出了李渊的心病所在，但又劝儿子不要动用府库之资另建宫室，让儿子一心一意地处理朝政大事，把劝谕和调理李渊的事留给自己。

但是，这回唐太宗不敢掉以轻心了，他降旨动用自己的私蓄在城北龙首原头的高阜上，要为父亲建造一座临时避暑的夏宫，并起名"永安宫"。盼望父亲住进去后，能够龙体康复和永享安乐。

这天，工匠们正在挖大殿的地基，突然地下放出了耀眼的金光。工匠们不敢再挖，便去禀报了唐太宗。

唐太宗亲临工地，命工匠们继续挖下去。挖着，挖着，忽见一个

物体光芒四射，十分耀人眼目，原来是挖出了一面巨大的古铜宝镜。

这面宝镜面若太阳，金光闪闪，背若月亮，清辉可鉴，四周花纹古朴，尘埃不沾。

唐太宗看后，认不出是何代的宝物，便谦逊地向随行的大臣房玄龄和魏徵等人请教。魏徵示意房玄龄先讲，房玄龄又让魏徵先说。

唐太宗见到自己的两位股肱之臣在打哑谜，于是便点将道："请魏爱卿先讲讲吧！房爱卿随后补充，如何？"

魏徵捋捋胡须，当仁不让地说起来："原来，这面宝镜就是著名的秦镜，它一直珍藏在秦始皇的咸阳宫中。它有一种奇异之处，若从对面来照镜子，里面则映出人的倒影，如果以手抚

胸，就能照见体内的五脏六腑，影像十分清晰，毫纤可见。更重要的是，它能照出臣下的忠奸，更能照出国运之兴衰等。"

"这确实是一件辨真伪、明忠奸、诊国病和保江山的国宝，但秦始皇却只用它来照宫里的宫娥彩女，但见"胆张心动者"，便全部作为有异心者而斩之。秦二世胡亥更是有过之而无不及，杀人如麻，但却留下了奸臣赵高等指鹿为马和专权误国。"

"汉高祖刘邦初占秦都咸阳时，大臣萧何劝刘邦封埋了咸阳宫和阿房宫等所有宫室，金银财宝，子女玉帛、钟鼎、狗、马等一律不要，仅仅装走了秦宫里的所有图书卷轴，再就是这面镇国之宝，即秦镜。"

"由于有了这面宝镜，汉朝因此得以延续数百年。在汉末时，群雄争霸，秦镜不知流落何处，谁知数百年后竟在龙首原上再次出世了啊！"

说到这里，魏徵向唐太宗深深一拜，贺喜道："今日秦镜出世，

预示着大唐江山万古长青，此乃陛下齐天洪福所致，臣特贺之！"

　　唐太宗听后，急忙推开两个内侍抬着的秦镜，说道："朕要此镜何用？朕早就得到一面胜于秦镜千倍万倍的明镜了！"

　　听到这里，魏徵的脸红了，老成的房玄龄却不解地问道："陛下的明镜何在，指予微臣一睹为快？"

　　唐太宗手抚着魏徵之肩，说："魏爱卿者，朕之明镜也！房爱卿，你说是不是啊，哈哈哈！"

　　房玄龄拍手也笑道："陛下所言极是，微臣贺之！哈哈哈！"

　　魏徵的脸被说得更红了，俯身辞谢道："微臣何能敢与秦镜比高下！陛下过奖了！"

　　唐太宗正色地说："夫以铜为镜，可以正衣冠，以古为镜，可以知兴替，以人为镜，可以明得失。魏爱卿常进谏于朕，使朕得以明得失兴替，难道不是朕的一面高悬的明镜么？为记今日君臣们明镜之

会，朕特改此永安宫为大明宫！"

在场的人都高声欢呼，大明宫就这样得名了。过了不久，大明宫的美名便天下流传了。

知识点滴

关于大明宫一名的由来还有一种说法。据说大明宫原本是李世民为李渊避暑而专门修建的夏宫。起初，为求太上皇的永寿安康而取名为"永安宫"。可是，工程还没建完李渊就驾鹤西行了。

有人认为是"永安宫"这个名字没有起好，说蜀汉皇帝刘备败走白帝城后归天的地方也叫永安宫，因此很不吉利。这样，宫殿在落成的时候又改名为"大明宫"。

唐高宗为武后重建宫殿

635年，大明宫刚刚开建不到半年，李渊就怆然离世了，大明宫的营建也戛然而止。而且，这一停就是27年。

645年夏，在终南山的翠微宫，53岁的唐太宗李世民病入膏肓。太子李治在伺候照料父皇期间，看见了风姿绰约的才人武则天，涉世未深的太子被武则天的美貌深深地打动了。

649年，李世民去世，武则天和部分没有子女的嫔妃们一起进入长安感业寺为尼姑，但是她与新皇帝唐高宗李治却一直藕断丝连。

在唐太宗李世民去世5年后，唐高宗李治来到感业寺看望出家为尼的武则天。他无法忘记这个曾经属于他父亲的美貌女人。就在第二年，武则天被唐高宗李治正式册封为大唐的皇后。

662年，唐高宗下令再建大明宫。据记载，为了迅速建成大明宫，国库短时间内拨出了15个州的赋税收入，又停发了各级官员一个月的俸禄，可见皇帝迁入大明宫的迫切心情确实超乎寻常。其实，皇后武则天在大明宫的重建上起到了举足轻重的作用。

在武则天进宫前，李治最宠爱的女人是王皇后和萧淑妃。在武则天的精心策划下，王皇后和萧淑妃先被废为庶人，后被处死。

不愿忍受噩梦折磨的武则天急于离开太极宫。所以，龙首原上一夜之间聚集了数以万计的工匠。

663年，唐朝的权利中枢从太极宫开始转移到大明宫了。据史书记载：在唐高宗时期，大唐的疆土东至日本海，西达咸海，南抵越南，北越贝加尔湖。一切都预示着，一个辉煌的时代已经到来。

诗人李华在《含元殿赋》中这样解释大明宫的含义："如日之升，则曰大明。"这是一个踌躇满志和信心百倍的时代，大度而不浮华，雄浑而不雕饰，大明宫含元殿就是这个时代最好的写照。

683年，唐高宗病逝于东都洛阳，皇后武则天独揽大权。

690年，67岁的武则天在洛阳称帝，并从此居留洛阳长达11年。

701年，在离开长安11年之后，武则天决定重返长安。这时的女皇已经整整78岁了。

705年，武则天从容地闭上了她的双眼，大唐江山重新回到李氏家族手中。

710年，大明宫玄武门又一次爆发了政变，策划者是李隆基，他是相王李旦的儿子，是武则天的孙子，他就是赫赫有名的唐玄宗。

在唐代，长安是真正的国际大都会，而大明宫，则是这个大都会的核心。在唐玄宗的统治下，大唐的繁荣达到了顶峰。

唐玄宗取得的成就，不但超过了历史上任何一个皇帝，而且后来的帝王也无人能够超越。

这是一个充满阳刚之气的时代，振奋人心，蓬勃向上，自信且开放，声威远播四海，开元时期，文治武功可谓达到了顶峰。唐王朝直辖321个州，边疆州800个，海内富庶，行者万里。极盛时期，自长安要走6000多千米才能达到国境。

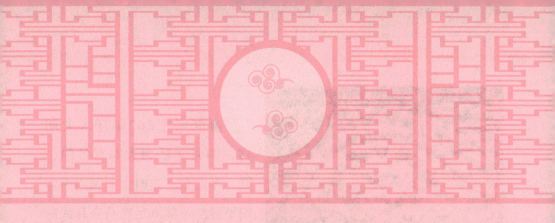

大明宫设计建造的传说

　　建设大明宫的工程浩大精深，其施工过程实难想象，先看看含元殿的建筑。含元殿是大明宫内第一座正殿。据记载：

　　含元建名，《易.乾坤》之说，曰含宏光大，又曰元亨利

贞，括万象以为尊。

唐高宗于662年迁入大明宫，两月之后为大明宫各门、殿、亭取名。这时大明宫内诸多殿宇显然不能满足唐高宗和武后对宫廷各种盛大活动场所的要求，宫内还没有可以代表大唐威严与强盛的大殿。含元殿就是在这样的背景下修建的。

含元殿始建于662年，第二年建成，历时一年。在经过实地勘察选定龙首原南坡后，朝廷即下令征调数以万计的工匠大兴土木。除砖瓦可以就地烧制外，石材和木材都是从全国各地运到京城的。据李华《含元殿赋》中描写：

命征磐石之匠、下荆扬之材、操斧执斤者万人。涉碛砾而登崔嵬，择一干于千木，规大壮于乔枚。声坎坎与青云，若神踏而颠摧。

从李华描写中，可看到采伐建筑用材的过程：在远离荆州和扬州等地方，近万名工匠携带着斧锯等工具进入深山老林，寻找合格的栋梁之材。

李华所说的千里寻一并不夸张，在含元殿遗址处有一座方形的石柱础，这个石柱础上部覆盆状的圆形部分是用来承载宫殿立柱的，由此可以推断出立在其上的立柱应该是巨型木材。

史书记载：大明宫的监造者为司农少卿梁孝仁。梁孝仁监督大明宫工程的进展，但是作为唐朝主管农业的官员，他不可能是皇家建筑的设计师。大明宫的设计者究竟是何人呢？

奇怪的是，如此巨大的建筑群，史书上却没有任何关于建筑师和设计师的记载。根据《旧唐书》的记载，大明宫建造期间，阎立本正担任唐朝政府的将作大匠。

阎氏一家深谙工艺之学，父亲阎毗曾为隋朝的殿内少监，兄长阎立德曾先后担任唐朝的将作大匠和工部尚书。阎立德设计了翠微宫、玉华宫以及唐太宗的昭陵，这是大明宫之前唐王朝最为重要的建筑工程。

阎立德死后，其弟接任将作大匠，专门负责皇家工程的设计和营造。因此可以有理由推测，大明宫的设计者就是阎立本。他既是唐朝声名显赫的画家，又是大明宫的建筑设计师。

关于大明宫修建过程的具体细节，史籍中记载的并不多，但完全可以相信，工程监造者梁孝仁肯定是费尽了心血。先是建筑工人的管理就够他劳累的了。工匠一般是朝廷工部下属机构的人员，是吃皇粮的，每月有固定俸禄。

值得嘉许的是，工程监造者梁孝仁在修建的过程中就开始注意绿化。起初，他在各个庭院中都种植了白杨树，并领着著名将领契苾何力参观了正在修建的宫殿。

而沿着宫墙又种植了柳树，这种柳树成为大明宫的一景，张祜的"万树垂柳排御沟"，韩翃的"寒食东风御柳斜"都是描写这些柳树罩御宫的佳句。

大明宫和含元殿在建成后又先后经过多次整修。唐德宗贞元年间，含元殿已经历了140多年的风风雨雨，显得有些陈旧，于是德宗下令于803年开始整修，修了一年多。两年后的正月初一，唐德宗在整修后的含元殿受百官朝贺，谁料就在这一天突然得了急病，没过几天就驾崩了。

知识点滴

话说起初梁孝仁种植许多白杨树，并领着著名将领契苾何力参观正在修建的宫殿。

梁孝仁指着杨树对将军说："这些白杨树都是速生树种，三五年后，整个宫中就会是绿荫处处了。"

契苾何力虽然是来自铁勒部落的大将，但对于汉族文化的熟悉程度不亚于本土人士，他随即吟了一句古诗"白杨多悲风，萧萧愁杀人"。

梁孝仁一听，将军是在说白杨树乃是墓冢之间的树种，不应该种植在皇上居住的地方。梁孝仁立即下令将所种的白杨树统统拔去，改种梧桐。

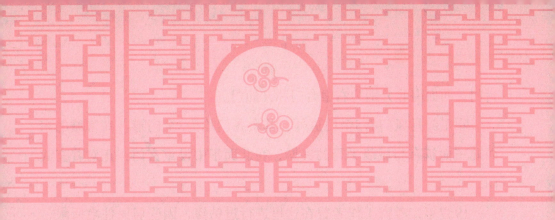

大明宫的丹凤门和玄武门

大明宫共有9座城门，南面正中为丹凤门，东西分别为望仙门和建福门；北面正中为玄武门，东西分别为银汉门和青霄门；东面为左银

台门；西面南北分别为右银台门和九仙门。

除正门丹凤门有5个门道外，其余各门均为3个门道。在宫城的东西北三面筑有与城墙平行的夹城，在北面正中设重玄门，正对着玄武门。

1957年，考古工作者曾在这里进行过钻探，因受居民住宅所限，当时只探出了3个门道，明确了丹凤门遗址的位置。

近年的考古挖掘表明：丹凤门的门道为5个门道，和历史的记载"天子五门"相符，是名副其实的隋唐第一门，规模比北京天安门还大。

钻探和发掘结果表明，丹凤门基址主体由门道、隔墙和墩台3种夯土结构浑然组成。门道共有5个，除西边的3个门道及其相邻隔墙和西墩台保存较好外，其余的门道、隔墙和东墩台遭到严重破坏。通过钻探发掘可知东部外轮廓与西部大致对称。

丹凤门保存较好的3个门道宽9米，残存进深23米，隔墙宽3米，门道地面较平整，局部可见均匀而密集的圆形小夯窝。

丹凤门门限位居门道中部偏南约4米处，现存的3个门限坑东西处于同一直线上，坑内皆有残存火焚后余留的木炭块，门限两侧置有石门砧。

门道两侧的夯墙下皆置有南北排列的长方形排叉柱坑，个别柱坑中尚保存有未曾移位的石础，顶面中央凿有长方形的卯眼。

丹凤门西墩台夯基南北长33米，东西最宽处达15米。其西南部转角与城墙衔接处地面保存较好，局部残存有包壁砌砖。

由此可知，丹凤门主体基台外壁应是以长方形砖包砌而成的。

丹凤门基址主体两侧与城墙和马道相联结。东、西城墙均宽9米，其中西城墙保存较好，东城墙遭毁殆尽，残存高于地面约一米。东、西马道紧贴城墙北侧，与东、西墩台相接。

丹凤门出土遗物以建筑构件为主，尤以长方形砖、板瓦、筒瓦和莲花纹瓦居多，也有少量的绿釉琉璃瓦、鸱尾、铁泡钉和石构件残块。

丹凤门部分砖瓦上戳印有纪年文字，其中一瓦块上有"宝"字样，应是唐玄宗时期修缮丹凤门楼的珍贵遗存。遗址中还出土了一些陶瓷器残片，其中一件白瓷碗底部刻有"官"字款，尤为珍贵。

丹凤门沿用的历史长达240余年，是大明宫的正南门，其北面正对含元殿，两者之间为长600余米的御道。

玄武门是大明宫北面的正门，位于未央区坑底寨村。门基座平面呈长方形，它只有一个门道，相比大明宫南面正门丹凤门5个门道，显得窄小了许多。

据记载，玄武门上有门楼建筑，是宫城护卫重兵驻扎之地。

在西安有两座玄武门，一座遗址在大明宫北，另一座遗址在太极宫北，是"玄武门之变"的发生地。

"玄武门之变"发生于626年。当时的秦王李世民在长安城宫城北门玄武门杀死太子李建成和齐王李元吉。

随后，李渊诏令李世民为皇太子，下令军国庶事无论大小悉听皇太子处置。不久之后李世民即位，年号贞观。玄武门也因为此次政治事件而名扬古今了。

　　玄武门之所以会在唐朝前期历次政变中具有决定成败的地位，与唐代皇宫的规制有关。

　　在唐代，都城的皇家宫殿是帝王居住和听政的主要场所，即政治权力中枢，所以太极、大明两宫和洛阳宫城的宫殿建筑格局完全一样，都是沿着南北向轴线对称排列，分为外朝、内廷两部分。

　　外朝主要是皇帝听取朝政、举行宴会的宫殿和若干官署，内廷则是皇帝和后妃的寝宫和花园，是帝王后妃起居游憩的场所。而最关键的是，外朝位于皇宫南部，内廷则处在皇宫北部。

　　因此，皇宫城墙北面诸门就对内廷的安全起着主要的作用，这其中，作为北面正门的玄武门，就更是有着举足轻重的地位。

　　唐代皇宫城墙各门都由宫廷卫军把守，而玄武门外就设有两廊，宫廷卫军司令部驻在这里，称为"北衙"，有着坚固的工事和驻有雄

厚的兵力。

据此，政变发生时首先控制玄武门的意义就不言自明了：因为控制了玄武门便可以控制内廷，而控制了内廷也就可以控制皇帝，从而控制朝廷，乃至整个国家。所以，玄武门是历来兵家必争之地，地位非常重要。

知识点滴

丹凤门始建于662年，是大规模营筑大明宫时，于大明宫南墙，即长安城北郭墙东段开辟修建的，757年，曾改名"明凤门"，不久复名丹凤门。

自建成之日起，丹凤门就成为唐朝皇帝出入宫城的主要通道，在大明宫诸门中规格最高。丹凤门上有高大的门楼，是唐朝皇帝举行登基、宣布大赦等外朝大典的重要场所。

坐落于南北中轴线的三大殿

　　大明宫的正门丹凤门以南，有丹凤门大街，以北是含元殿、宣政殿、紫宸殿等组成的南北中轴线，宫内的其他建筑，也大都沿着这条轴线分布。在轴线的东西两侧，还各有一条纵街，是在3道横向宫墙上开边门贯通形成的。

　　含元殿是皇帝举行重大庆典和朝会的地方。含元殿是唐长安城的

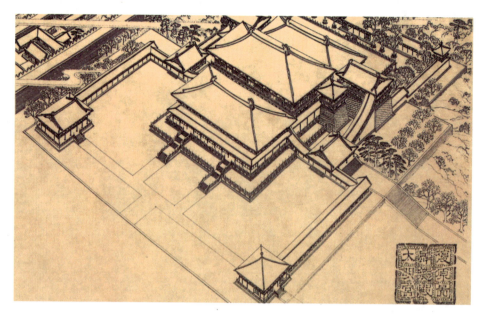

标志建筑，建成于663年，毁于886年，存在了220余年。

其间每逢元旦、冬至，皇帝大多在这里举行大朝贺活动。所谓"九天阊阖开宫殿，万国衣冠拜冕旒"就是描写当时含元殿大朝会的盛况。

含元殿修建在龙首原上，殿前方左右分峙翔鸾和栖凤两阁，殿两侧为钟楼和鼓楼。殿、阁、楼之间有飞廊相连，成"凹"字形，由于周汉以来阙制的发展，也影响了历代宫阙直至明代紫禁城午门的设计和布局。

含元殿居高临下，两翼开张，包括两阁在内，建筑群组气势宏大，是最能反映唐代气魄的宫殿。唐代诗人李华在《含元殿赋》中描写道：

左翔而右栖凤，翘两阙而为翼，

环阿阁以周墀，象龙行之曲直。

含元殿是当时唐长安城内最宏伟的建筑。整座宫殿坐北朝南，居高临下，规模宏大，建筑雄伟。

含元殿南距丹凤门400余米，殿庭极为宽阔。由于它高高地屹立于龙首原南沿之上，殿基高出地面13米。为了百官朝见的方便，于是在殿前修建了两条平行的斜坡砖石阶道，共长70余米。

每遇朝会，群臣即由两道而上。这两条阶道由丹凤门北上，宛如龙生而垂其尾，极为壮观，故称为龙尾道。龙尾道衬出了含元殿的高大雄伟。

含元殿的高大宏伟历来为人所称颂，统治者为建此宫也耗费了大量人力、物力。后来，有关人员在含元殿遗址南部发现了一条处水渠道、三座桥梁、两条道路等重要的唐代考古遗址。

发现的唐代殿前渠道位于含元殿遗址土台以南，东西走向，已探知长度为400余米，基本与含元殿南沿平行。该水渠道还有延伸部分，

两壁较直，底部较平，两壁局部还发现有砌砖痕迹。

其东段略浅，西段略深，可以推测渠道内水的流向为由东向西。另外，在渠道内还出土有大量的唐代砖瓦、石块、螺壳、陶瓷器、铜钱、铁钉、铁剑等遗物。从地层剖面来看，该渠道在唐代以后还沿用，明清时期还曾一度疏浚过。

发现的唐代水渠道上的3座桥梁，皆位于含元殿南部。相对位置分别在含元殿正南、含元殿西朝堂正南、含元殿东朝堂正南，为中央桥梁基础、西侧桥梁基础、东侧桥梁基础。发现的两条步行道在水渠道南岸，沿渠道而走，东西走向。

道路上车辙痕迹明显，可见该道路沿用时间很长。其中中央一桥正与含元殿中心相对，从桥桩柱洞的遗迹可知，桥东西长17米、南北宽4米。

东西两桥则与百官上朝前暂时休息的东、西朝堂南北相对而立，其作用犹如后世皇帝宫殿建筑中的"金水桥"。

含元殿是大明宫的第一正殿，也是唐长安城的标志建筑。殿前百

余米有门址遗迹，可能为牌坊式建筑。门左右有横贯宫城的隔墙，门前面是一大广场。

这组庞大的宫殿建筑群，体现了唐代建筑的雄伟风格，并成为后世宫殿的范例。

含元殿一直使用至唐朝末年，从兴建至唐末被毁的200余年中，历经了德宗贞元四年的地震和几次大风大雨的自然损害，不断有所维修，但始终未见有重大拆改或重建的记录。

含元殿遗址中出土有大量表面呈黑色光亮的陶瓦，殿顶的屋面用瓦，还出有一些琉璃瓦片，据此估计此殿的檐口使用了琉璃剪边的做法。在台基四周出土残石柱和螭首石刻残块多件。

翔鸾阁北廊道的西侧出土许多铁甲片及矛头，学者推测是在兵火战乱中被遗弃的。

含元殿正北处是宣政殿遗址，与含元殿同在宫城的中轴线上。宣政殿是皇帝临朝听政之处。

宣政殿是大明宫中的第二大殿。殿基东西长约70米，南北宽40多

米。殿前130余米处为三门并列的宣政门，东西则有横亘全宫的第二道横墙。东廊之外为门下省和史馆等，西廊之外的中书省和殿中省都是中央官署。

皇帝经常在这里召见朝集使、贡使与策试举人。从791年至808年，皇帝每年都要在此殿里大会群臣。京官九品以上、外地官员在京者一律就列，场面极其隆重。

宣政殿是皇帝每月朔望见群臣之处，相当于太极宫的太极殿，殿左右建官署的情况也相同。自含元殿至宣政殿一段是宫中的朝区。

据据近年考古发掘发现，大明宫南北衙建制和太极宫有很大的不同，南北衙以宣政殿为界限，一道东西向的宫墙将大明宫拦腰截断，其北为宫城，其南为皇城。

宣政殿两旁为东、西上阁门，西有延英门、光顺门，东有崇德门，以分段禁内外。而中书省和门下省则布列在宣政殿前东西两侧，已在宫禁之外，原来的中朝这时变成了外朝。

据《隋唐嘉话》下篇记载：

武后临朝，薛怀义势倾当时，虽王主皆下之，苏良嗣仆射遇诸朝，怀义偃蹇不为礼，良嗣大怒，使左右牵拽，搭面数十。

武后知曰：阿师当北门出入，南衙宰相往来，勿犯也……

可见此时的宰相所居已称"南衙"，禁宫内外南北界限十分严格。中书、门下两省完全被驱逐出了宫城，而居于皇城，实际上已不存在中书内省和门下内省了。

决策机构被撵出宫禁，宰相议政居于禁外，致使其决策地位大为削弱，实际上的权利也自然降低了，这是唐代政治史上的一大变局。

将决策机构撵出宫禁，降低宰相的权力地位，是武则天打击政敌，扫除唐开国以来把持中枢政权的关陇勋贵的绝妙一招。

紫宸殿与含元殿、宣政殿同在一条中轴线上的第三大殿，是大明宫中三大殿之一。紫宸殿为大明宫的内衙正殿，皇帝日常的一般议事多在此殿，故也称"天子便殿"。

如果不计入内苑部分，从丹凤门至紫宸殿约1.2千米，这个长度大于从北京故宫天安门到保和殿的距离。由于进入紫宸殿必须经过前

宣政殿左右的东西上阁门，故进入紫宸殿又称为"入阁"。能够入阁与皇帝商议军政大事，在当时是大臣颇为荣耀的事情。

朝参是唐朝在京官员最重要的政事活动。

按照制度规定，唐朝朝参有3种不同的举行时间和形式，一种是元日和冬至日举办的大朝会，最隆重，需要有"大陈设"，到时皇帝"服衮冕，冬至服通天冠绛纱袍，御舆以出，曲直华盖，警跸侍卫如常仪"，接受群臣客使朝参礼贺。

朝会参加者最多，有王公诸亲、在京九品以上文武官、地方上奏的朝集使、周隋后裔介公部公、蕃国客使等，朝贺结束后并有宴会。

正、冬大朝会本在太极宫的太极殿，高宗以后因为居住大明宫，所以改在含元殿进行。唐朝后期又改在含元殿后的宣政殿举行。

其次是朔望朝参。即每月的初一、十五。其殿上设黼扆、蹑席、熏炉、香案，依时刻陈列仪仗，"御史大夫领属官至殿西庑，从官朱衣传呼，促百官就班"。

在监察御史的带领下，群官按品级于殿庭就位，皇帝始出就御座，群官在典仪唱赞下行跪拜之礼。朔望朝参一般也在宣政殿正殿举行。

最后是常参。唐前期按制度"凡京司文武职事九品已上，每朔、望朝参；五品以上及供奉官、员外郎、监察御史、太常博士，每日朝参"。

每日朝参就是常参，一般不用摆列仪仗，也无大排场，是真正的行政日。参加者称常参官，人数少而级别高，都是五品以上职事要重者。常参则在宣政殿再后的便殿紫宸殿举行。

据说玄宗时，将朔望朝参也改在紫宸殿举行，宪宗元和以后，将紫宸殿改作常朝正殿，宰相、常参官奏事都在此殿。

含元殿是大明宫中轴线上南起的第一座殿宇，属皇宫前朝三大正殿之首，规制宏伟，地位尊崇，与北京故宫太和殿地位相当。

含元殿自建成起，就成为都城长安的主要标志建筑，称著当时，传名后世。关于含元殿的殿名，按唐人李华《含元殿赋》所说："含元建名，《易.乾坤》之说，曰含弘光大，又曰元亨利贞，括万象以为尊"。说明含元二字源于《易经》。

武则天时曾改成"大明殿"，使殿名与宫名相统一，至唐中宗即位后才恢复旧称。

知识点滴

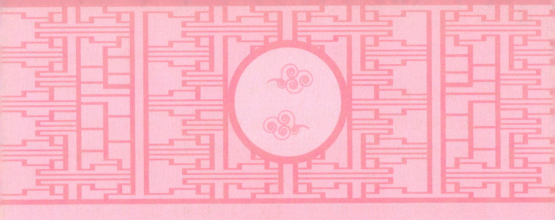

宫内各殿的设置与功能

　　大明宫内的延英殿、麟德殿、三清殿、太液池和梨园等建筑大部分以生活和宴游为主，真实地反映了唐朝时期的精神生活。延英殿是大明宫留存的遗址之一，属于内宫的宫殿。这座宫殿规模不大，却由于历史的机遇，一度成为大明宫的权力核心。

　　中唐以后，下朝之后，皇帝如果认为有事情需要商量时，会让大臣到延英殿议事，而大臣们如果认为有紧急情况需要面见圣上，也可

以写下奏折要求开延英殿，这种奏表叫做"牓子"。

唐代宗即位之后，宰相苗晋卿年老体弱，走路时双腿发软，步履蹒跚。代宗特许他每隔一天到政事堂办公，享受"入阁不趋"的待遇。入阁不趋就是允许你进入宫殿拜见皇帝时可以慢慢地走过去。

唐代宗还特意在偏殿延英殿召见苗晋卿，《新唐书》中记载"宰臣对小延英，自晋卿始。"相对于宣政殿、紫宸殿这些正规的场合而言，延英殿属于便殿，大臣在这里议事可以直接面对皇帝，少了许多繁琐的礼节，君臣之间的关系比较随和。

能够被召到延英殿议事表示受到了皇帝的重视，因而成为大臣们的一种荣誉。

散朝之后，皇帝回到内宫之中，在这种情况下如果有紧急事件发生，宰相也可以要求皇帝驾临延英殿议事。唐武宗时期便在延英殿里发生过这样一件事。

841年，在宦官仇士良的劝说下，刚刚即位不久的唐武宗下诏派中使前往潭州和桂州诛杀前宰相杨嗣复和李珏。傍晚，户部尚书杜惊得知这个消息后，驰马前往安邑坊宰相李德裕的住宅，请他出面制止。

当时李德裕正在家中休假，第二天早上，他便同其他几位宰相汇集到中书省，李德裕写下奏表，要求唐武宗开延英殿重新商议此事。

第一封奏表递上去以后未见回音。中午，李德裕又写了第二份奏表。一直等到下午，宫中终于传出消息：圣上将在延英殿召见几位宰相。最终杨嗣复和李珏两人免于一死。

按照通行的牛、李两党说，杨嗣复和李珏属于牛党，和李德裕是对手，由此可以看出李德裕出手相救并非出于私情。

李德裕认为这件事必须和宰相商议，如果皇上越过宰相直接下达诏令诛杀这两个人，是违背制度的，听之任之，皇权与相权之间的制衡将会被打破。

795年，宰相陆贽被贬，甚至有消息说唐德宗怒气未消要杀了陆贽。谏议大夫阳城说，不能让天子信用奸臣杀害无罪的人。他带领众谏官前往延英殿上书替陆贽喊冤。

元稹在回忆阳城在这件事上的表现时写道："延英殿门外，叩阁仍叩头。且曰事不止，臣谏誓不休。"

这次跪在延英殿前上书是谏官们的一次大的行动，在此之前相当长的一段时间内，谏官们并没有受到重视。有一段时间谏官减员后就不再重新补足名额，结果满朝只剩下两个谏官，一个是谏议大夫韩皋，一个是拾遗归登，而这两个人的处境也不妙。

唐朝朝廷机构的官员在上班时能享受一顿免费的工作餐，当时的宰相下令停发了归登的伙食费，让他去中书舍人那里蹭饭，朝中的官员戏说："韩谏议虽分左右，归拾遗莫辨存亡。"

因此，阳城等人这次跪在宫门前上书引起了很大的轰动，80岁的金吾将军张万福听说有谏官伏阙上书后，三步并作两步赶到现场，高声祝贺说："朝廷有直臣，天下必太平！"。

"瑞烟深处开三殿，春雨微时引百官。"唐朝诗人张籍的《寒食内宴》中这样描述盛唐时期唐大明宫麟德殿的盛景。

麟德殿位于大明宫的西部，是皇帝举行宴会和接见外国使节的地方，建筑面积达1万多平方米。

根据勘测，麟德殿原有前后毗连的3座大殿建在高高的台基之上，

中殿左右各建有一个亭子，后殿左右各建一楼，周围环绕有回廊，将各个部分连接在一起。麟德殿规制宏伟，结构特别，堪称唐代建筑的经典之作。

皇帝经常在这里举行宫廷宴会、观看乐舞表演、会遣唐使。

703年，武则天在此会见并设宴款待了日本遣唐使粟田真人，这是他第八次作为遣唐使来到长安。

粟田真人在日本文武天皇时期的官阶是"朝臣"，职务相当于户部尚书，这一次他带来的许多地方特产让武则天很高兴，于是女皇便在麟德殿赐宴并授予了粟田真人"司膳卿"的职位。

唐代宗曾在此一次欢宴神策军将士3000多人。当时，唐代的官员以能出席麟德殿宴会为荣。

麟德殿位于大明宫太液池西侧的一座高地上，它的遗址已被发掘，底层面积约5000平方米，由4座殿堂前后紧密串联而成，是当时我国最大的殿堂。

在麟德殿主体建筑左右各有一座方形和矩形高台，台上有体量较小的建筑，各以弧形飞桥与大殿上层相通。据推测，在建筑四周可能用廊庑围成庭院。

麟德殿建筑以数座殿堂高低错落地结合到一起，以东西的较小建筑衬托出主体建筑，使整体形象更为壮丽和丰满。

麟德殿下有两层台基，殿本身由前、中、后三殿聚合而成，故俗称"三殿"。三殿均面阔9间，前殿进深4间，中、后殿约进深5间，除中殿为两层的阁外，前后殿均为单层建筑。

在麟德殿中殿左右有两座方亭，亭北在后殿左右有两座楼，称为郁仪楼和结邻楼，都建在高7米以上的砖台上。自楼向南有架空的飞楼通向两亭，自两亭向内侧又各架飞楼通向中殿上层，共同形成一组巨大的建筑群。在前殿东西两侧有廊，至角矩折南行，东廊有会庆亭。

在麟德殿举行大宴时，殿前和廊下可坐3000多人，并表演百戏，还可在殿前击马球，故殿前极可能是宽敞的广场。麟德殿是迄今所见唐代建筑中形体组合最复杂的宏大建筑群。

三清殿是大明宫内等级最高的道教建筑。三清殿位于大明宫的西

北角，台基面积达4000平方米，台上原来是楼阁式的建筑。

　　宫殿修筑在高为14米的高台上，非常醒目。唐代崇尚道教，供奉老子，三清殿是宫廷内供奉祭祀道教的建筑。

　　唐朝的统治者崇尚道教，认老子为祖先，道教与李唐王朝有着特殊、深厚的渊源，其中一个重要原因就是唐初门阀士族的传统势力还很强大，若非系出名门，就很难得到社会的尊重。

　　唐朝皇帝为提高自己的门第出身，便利用道教始祖李聃和皇室都姓李的巧合，附会自己是太上老君李聃的后代，是"神仙之苗裔"。道教因而也就成为李唐王朝信奉的重要宗教，而三清殿则成为大明宫中最重要的道教建筑。

　　唐代道士在宫廷中的活动，贯穿于整个李唐王朝的始终。唐初，他们竭力宣传李唐王朝与老子的亲属关系，奠定了道士们在宫廷中活动的基础。

　　中唐时期，他们利用皇室的支持，把道教的影响由宫廷扩展至民间，在"开元盛世"中掀起了一股狂热的崇奉道教的风气。晚唐时期，一些道士在皇室的允诺下，取得了一次"兴道灭佛"的胜利。

隋末时期，道士王远知假托奉老君之旨，向李渊"密传符命"，还预告李世民将成为"太平天子"，李渊闻之大喜，授王远知朝散大夫，赐紫丝霞帔和缕金道冠，后来李世民又追加其为光禄大夫，赐予茅山建太平观，度侍者21人。

道士薛颐在618年就跑到秦王府中，密谓李世民"德星守秦分，王当有天下"。道士歧晖，则在李渊起兵时吹捧他是"真君来也"，派遣了80名小道士迎接他，并为他设醮祈福，祝他克定长安。

后来，李渊、李世民果然平定天下，他们不仅对道教格外青睐，而且虔信太上老君与自己同姓李，定会念及同宗之谊而对李氏天下格

外垂怜。

另据文献记载，620年，有一个名叫吉善行的人在羊角山见到一位骑着朱鬣白马的白髯老叟。老叟告诉他，你去转告唐天子，我是他的祖先，今年平定贼乱后，子子孙孙可以千年为天子，吉善行便转告了李渊。李渊听后便在羊角山为老叟立了庙。

这老叟不消说便是太上老君了。自命为太上老君后裔，奉天命而坐天下的李渊和李世民等由此而大肆提高道教的地位。

625年，唐高祖李渊下诏宣布三教中道教列第一，儒教列第二，佛教排第三，道教的地位有如青云直上。637年，唐太宗李世民再次宣布尊奉道教。从这时直至唐玄宗李隆基时代，除武则天时代外，道教一直是春风得意，大受青睐。

在那个时代，道教充斥大都小邑，名山幽谷之中道观几乎无处不在。东都洛阳的玄元皇帝庙，一派"山河扶绣户，日月近雕梁"的宏大气势。长安的太清宫设置了两丈多高的汉白玉老君像，旁边又以汉白玉雕了玄宗侍卫这一老祖宗，更显出雍容肃穆。

其他如华山、王屋山、青城山、仙都山、泰山各处也都遍布着道教的宫观，就连僻远的深山野谷，也有道教踪迹。

唐太宗李世民在道士王远知预告他将成为"太平天子"后，便投在道教门下。据说他还曾受过三洞法箓。他服用了一位名叫那罗迩娑婆的天竺方士的延年之药，中毒身亡。

唐高宗对道教更是亦步亦趋，"令广征诸方道士，合炼黄白"，又请道士"合还丹"。据说一个叫叶法善的道士"少传符箓，尤能厌劾鬼神"，唐高宗就将他召到京师景龙观，"恩宠莫与为比"。

唐睿宗则请太清观道士杨太希为自己烧香供养，祈神保佑。唐玄宗对道教的热情更是达到了登峰造极的地步。他把卢鸿一、王希夷、

李含光、马承祯、张果等当时最著名的道士请到长安来，加官封号，百般宠信。

他不仅自己煮炼丹药，登坛受箓，还要大臣百官统统去三清殿听讲老庄。

他不仅把太上老君敬奉为祖宗，百般尊崇，还把道士当作亲戚，划归宗正寺，有罪也不依常法处置，只由道教戒格处分甚至还要把玉真公主嫁给道士张果。由此可见，三清殿在唐朝大明宫中的特殊作用和地位了。

太液池，又名蓬莱池，位于唐长安城大明宫的北部，是唐代最重要的皇家池苑。遗址现位于西安市未央区大明宫乡孙家湾村南，地处龙首原北坡下的低地上。传说东海里有个不见底的"归墟"，大江大海的水都流到那里，那里有蓬莱、方丈、瀛洲3座仙山，山上有神仙往来居住。

秦始皇和汉武帝都曾派人入海寻找仙人，未果。汉武帝想念不已，便想出一个办法。他派人在长安建章宫的北面挖一个大池，叫太液池。池上堆土为山，高60多米，造出蓬莱、方丈、瀛洲三仙山。

历代相传，凿大池比作大海，堆3座土山比作仙山。唐大明宫太液池也是如此。

太液池有东池和西池两部分，西池为主池。据了解，太液池中的3座仙山目前已有两座确定了具体位置，其中一座为蓬莱仙山。

蓬莱仙山位于太液池西池的中部，是太液池的主岛。考古工作者对其南岸进行了发掘，发现了一些水池和亭类建筑遗迹，在岛的南边，还分布有两组立石组成的景石群，第一次向世人揭示了蓬莱仙山原是座园林式的风景岛屿。

从底层堆积及太液池遗址西岸中部和北部的发掘来看，近岸处在耕土下层就见到晚唐时期文化层，而在离岸较远的发掘区西部，晚唐

时期文化层却处于现地表下1米左右，这说明晚唐时期西岸地势或活动面是起伏不平的，总体来看是东高西低，近岸略高。

在对太液池水边建筑的考古发掘中，人们发现了水上干栏式廊道建筑和水榭建筑。东区中段壁上多有柱洞残痕。再往北，在池底青灰色淤泥上，也清理出多个磉墩坑，形状均不规则，坑壁和坑底都有柱洞残痕。

考古工作者在这里清理出一条宽沟以及沟中保存较为完整的一组建筑遗迹。宽沟的平面呈V字形，折口向北沟长70米。建筑遗迹位于沟底，主要保存有16排的圆形柱洞，每排柱洞又由两行平行的柱洞组成。这些成排的柱洞组成了10余个建筑空间，使整体呈均衡对称的双翼式。

在沟底的生土面上，可见明显的浅灰色薄层淤泥，显然沟底曾进过池水，专家表示：沟中建筑原为水上建筑。这种专门挖沟，然后在沟中进行建筑的方式还比较特殊。

在沟底，还发现了栏杆石等七八种青石质的建筑构件，此外还有不少花纹砖、方砖、莲花纹的瓦当等。专家推测，这组水上建筑肯定规模不小。

尤其是位置离池岸最远的几个磉墩坑，分布比较集中，平面上围成一个长方形。在岸坡和池底的磉墩坑内以及附近发现了较多烧残的建筑石构件以及大量的灰烬等火烧遗迹。

根据上述情况初步推定：池内建有一处干栏式建筑，池内围成长方形的磉墩坑可能就是该建筑的基础遗存；水榭和岸池之间有连接的廊桥，彼岸上的磉墩坑应该是其基础遗存。

太液池出土文物种类也较多，计有砖瓦、石制品、陶瓷器、铁器、铜器、钱币及其他等七大类。

在出土的砖瓦中，多见带铭文的长砖、方砖、板瓦、筒瓦。铭文内容涉及工匠姓名、纪年或月份、窑名，如"匠赵吉""使窑"等。陶瓷器中则有制作精美的三彩注壶、三彩盆、三彩枕以及带"官"字款的碗底等。

考古工作者还首次发现了一枚圆形的唐代钱币砝码。砝码制作精美，当面正中饰一莲花，环花有3朵祥云，其发现是研究唐代钱币的第一手资料。

此外，太液池还发掘出土了一些数量较多、大小不一的蚌壳和螺

壳类水生动物及打水用的吸水器等。

太液池是唐代最重要的皇家池园，位于大明宫内廷，是帝王后妃起居游憩场所的中心地区。据史书记载，大明宫太液池环池有游廊400间，从池北至玄武门，有多处殿堂楼阁。

梨园位于大明宫太液池一带。这里是皇室游乐和休闲的地方，分布着各式各样的离宫别殿，酒亭球场。史料记载，唐玄宗酷爱音乐和舞蹈，在艺术领域有着非同一般的天赋，由他倡导并确定把梨园作为音乐、舞蹈、戏剧活动的中心，从而使唐梨园成为我国历史上第一所皇家歌舞戏剧综合艺术学校，唐玄宗也因此被尊奉为我国戏曲艺术的鼻祖。

梨园有内廷梨园与宫外梨园，两种都是培养选拔音乐人才的教育机构。内廷梨园是唐玄宗亲自执教的地点，教学内容是对梨园艺人传习法曲。

梨园造就一大批具有较高水平的音乐家，如李龟年、雷海青、黄旛绰、永新等，他们皆为梨园艺人。这些人成为当时音乐界的精英，为唐代音乐的高度兴盛及其音乐分工化的发展，起到了重大作用。

唐中宗时期，梨园不过是皇家禁苑中与枣园、桑园、桃园、樱桃园并存的一个果木园。果木园中设有离宫别殿、榭亭球场等，专门是供帝后、皇戚、贵臣宴饮游乐的场所。

后来，经唐玄宗李隆基的大力倡导，梨园逐渐成为唐代的一座"梨园子弟"演习歌舞戏曲的梨园，成为我国历史上第一座集音乐、舞蹈、戏曲的综合性"艺术学院"。李隆基自己担任了梨园的崔公，相当于现在的校长。崔公以下有编辑和乐营将两套人马。

李隆基为梨园搞过创作，还经常指令当时的翰林学士或有名的文人编撰节目，如诗人贺知章、李白等都曾为梨园编写过上演的节目。

李隆基、雷海青、公孙大娘等人都担任过乐营将的职务。他们不仅是才艺极高的著名艺人，又是诲人不倦的导师。

梨园子弟分为坐部、立部、小部和男部、女部。坐

部一般是优秀演员，乐工坐在堂上演奏，舞者大抵为3人至12人，舞姿文雅，用丝竹细乐伴奏。

立部是一般演员，乐工立在堂下演奏，舞者60人至80人不等，舞姿雄壮威武，伴奏的乐器有鼓和锣等，音量宏大；小部为儿童演出队。

唐玄宗从发展的观点出发，为更进一步提高乐工、乐伎的音乐素养与技艺，使乐才源源不断，在梨园法部专设了一个音乐"少幼班"，即小部者。

"小部者，梨园法部所置、凡三十人，皆十五以下。"为唐代音乐艺术的稳步发展提供了必备的人才储备。这种对于儿童进行早期的启蒙性的音乐教育尝试，在世界教育史上也是少见的。

此外，梨园还设有舞部，又分为文舞和健舞。像这样庞大的艺术团体，男女兼有的皇家音乐、舞蹈、戏曲学院，出现在1000多年前，不能不说是世界罕见的。

排练时唐玄宗李隆基亲自担任指挥，谁要是弹错或唱错了，马上就会听出来并加以纠正。唐玄宗还善于打羯鼓，常常亲自为乐队击鼓。

一次梨园排戏，唐玄宗李隆基看得兴起，也换上戏衣，参加表演，在唐玄宗李隆基的参与下，歌舞戏剧排演得很成功。

梨园的设置，对唐代歌舞的发展起了很大的促进作用，唐玄宗李隆基对此是有贡献的。所以后世便将戏曲界称为"梨园界"或"梨园行"，戏曲演员则称为"梨园子弟"或"梨园弟子"，而唐玄宗李隆基理所当然地被尊为梨园神了，也有的人叫他"老郎神"。

为什么俗称梨园神是老郎神呢？因为在有些地方的方言中，"老"是"小"的昵称，小儿子常被叫作老儿子。李隆基是唐睿宗的第三个儿子，也就是小儿子，即老郎。唐玄宗也常称"三郎"。

在史书中有关唐玄宗李隆基与杨贵妃的记述中，也有三郎之说。这就是三郎的由来。唐玄宗李隆基在梨园给梨园弟子们排练时，常对他们说："你们要好好练，别给三郎丢脸！"

过去在戏班子的后台，都会见到戏班所供的一个神龛，龛中有一尊神像，是个白脸的漂亮男子模样，身穿黄袍。这就是他们戏曲行所供奉的行业神"老郎神"，也就是梨园神。这位梨园神是谁，不消说，自然是唐玄宗李隆基了。

在梨园里，宫女谢阿蛮备受皇帝宠爱，所以一直跟随唐玄宗。她不仅是唐代时的舞蹈家，还是我国著名的宫廷歌舞艺术家，她擅长舞蹈，尤其以舞《凌波曲》而流传于世。

这些唐时的舞蹈家、音乐家、宫廷歌舞艺术家欢聚一堂，酣奏《凌波曲》，与之相匹配的舞蹈者，必然是当时出类拔萃的舞蹈家了。

这良辰美景，人间妙曲，配上阿蛮那罗袖飘香，出水芙蓉的舞姿，简直是人间仙境了。

知识点滴

大明宫延英殿在唐前期默默无闻，但是自"安史之乱"以来其在国家政治生活的地位却日渐提高，就其在政治方面的作用而言，已经远远超过了含元、宣政、紫宸等三大殿。

延英殿的功能除了作为"延英召对"的场所外，还有群臣向皇帝问起居、延英奉觞、延英奉慰、延英中谢、召见官员、面授官职、召见外来使者、举办宴乐等许多功能。

万象神宫

　　万象神宫是唐代女皇武则天在位时期修建的伟大建筑。是我国古代建筑史上最高大的木结构单体建筑，同时也是唯一的楼阁式皇宫正殿建筑。

　　该神宫于688年年底建成，高90多米，是武则天的明堂。万象神宫富丽堂皇，当时也准许普通民众入内参观。后来，武太后又下令在明堂的北侧建立天堂，并颁布《亲享明堂制》。

　　武则天正式称帝以后，万象神宫成为武周王朝的政治中心，每年举行祭天地的仪式，同时迎接各地使节。

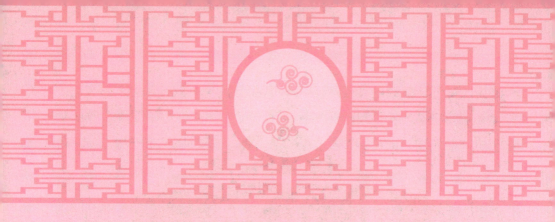

武周王朝统治的标志性建筑

  万象神宫位于河南省洛阳市，曾经是唐代武则天时期修建的重要建筑和统治中心。武则天作为一代女皇，就在这里批阅奏章，接见来自世界各地的使节。然而可惜的是，明堂建成不足7年便毁于火灾。

  据记载，明堂建于688年，号"万象神宫"。明堂高80多米，是武则天布政令、飨群臣、迎使节、祭天地的大殿，是武周王朝的统治中心。

  武则天执政期间就已经为自己正式称帝做准备了。她的一项重要准备工作就是建造明堂。

  明堂的建造可谓是标新立异，它与汉代以来在都城南郊高置的礼制性建筑不同，而是按周朝制度，"上堂为严配之所，下堂为布政之居"。

但是，武则天决断议案的风格与唐高宗却截然不同。她不听诸儒喋喋不休的争议，而是独与北门学士议其规制，明堂方案被很快确定了。

687年春，命令沙门薛怀义负责主持这项巨大的工程。武则天力排众议，拆除洛阳宫的正殿乾元殿，也就是隋代的乾阳殿，并在原址上创建明堂。

历时约一年的时间，688年春，明堂建成。这次修建的明堂因贡奉李唐先祖，故名唐明堂。明堂气势恢弘、壮观华丽、巍峨参天，有吞天吐地、包罗万象之气，武则天于是给明堂起了一个大气、庄严的名字，万象神宫。

据文献记载，明堂外观凡3层，可登临，底层为正方形，端庄如印。明堂是多边形，圆顶。有上中下3层，古人认为明堂可以上通天象，所以下层象征春夏秋冬四个季节，各随方色。

中层为12边形，覆有圆顶攒尖，其上立饰金宝凤，法有十二时辰，圆盖，盖上盘有9龙。

顶层为24边形，法有二十四节气，是一圆顶亭子，上立3米多高的涂金铁凤，屋顶铺木胎夹纻漆瓦。

　　室内是突破性的多层复合空间，明堂有上下贯通的巨型通心柱，作为斗栱梁架依附的主干。这一通心柱直径有10人合抱之粗。其体量、规模的大小，高度80多米，底层各边长约90米。

　　这无疑是我国古代建筑史上最高大的木结构单体建筑，同时也是唯一楼阁式皇宫正殿建筑。

　　明堂的规模和复杂程度远远超过了唐代两京所有的宫殿，反映其设计与施工能力已接近或达到封建社会的最高水平。

　　明堂建成以后，武则天非常高兴，大赦改元。又御明堂，遍飨群臣，赏赐不同的绢帛等物品。

　　自明堂建成以后，各州的父老乡亲前来参观时，朝廷都会赐以酒食，一直持续好长时间才停止。吐蕃及少数民族听说明堂建成后，也

都遣使前来祝贺。可见，当时大唐第一高楼落成之后天下轰动的盛况。只不过，这个大唐最著名的地标建筑只是偶尔对游客开放。

　　唐代大诗人李白在天宝初年游洛阳时曾作《明堂赋》，不禁慨叹道："盛矣，美矣！皇哉，唐哉！"

　　明堂不愧是标新立异、华丽之作。武则天以其独特的方式和创新精神建造了明堂，一反过去拘于周制的复

古传统和呆板四方的单层建筑模式，又在内涵上继承了传统明堂"象天法地"的设计原则。

明堂修成这年，武承嗣命人凿了一块白石，石上刻着"圣母临人，永昌帝业"8个大字。随后，他号称这块白石是在洛水中发现的，并把它献给武后。

武后见到此石心中大喜，把这块石头称为"宝图"。从这件事以后，武后就给自己又增加一尊号为"圣母神皇"。

武则天称帝以后，万象神宫成为武周王朝的政治中心。在这里，每年都要举行祭天地的仪式，同时迎接各地的使节。

在武则天明堂遗址中心夯土基址中心部位，有一圆形大柱坑，坑底为四块方形大青石拼成的巨型柱础。

不过，明堂"大唐第一高楼"称号并没有保持多久。武则天又命令僧人薛怀义铸造大像，大像的小指也可以容纳数十人，并被收纳在明堂北起五层高天堂里。当时铸大像时所花的费用数以万亿，甚至导致政府财政行将枯竭。

《旧唐书·则天皇后本纪》记载：

怀义作夹大像，其小指犹容数十人。于明堂北起天堂五级以贮之，至三级则俯视明堂矣。

《资治通鉴·唐纪二十一》也记载：

> 堂始构，为风所摧，更构之。日役万人，采木江岭，数年之间，所费以万亿计，府库为之耗竭。

可见，天堂工程比明堂大得多，也比明堂高得多，在第三层就可以俯视明堂全景，仅天堂内放置的大佛就高达30多米。而且，天堂在初建之时，曾数次被大风吹倒而后重建。

大唐帝国第一、第二高楼——天堂、明堂的落成，构成了神都洛阳城最恢弘壮丽的天际线，代表了大唐建筑无与伦比的高超技术。

然而由于明堂离天堂过近，695年的一天夜里，天堂突起火灾，火势迅速蔓延到明堂。大火一直烧到清晨，两座华堂都被大火焚毁。

695年，武则天诏令按照原来尺寸重建明堂。696年，新明堂落成。由于这次新修的明堂供奉的是武氏族人，故为武周明堂，又号称"通天宫"。

知识点滴

唐代明堂上圆下方的建筑形制，开创了自唐以后我国古代明堂建筑由方到圆的先河。

它所体现出的天子与天相通、象征性表达四时、十二时辰、二十四节气以及四面八方、天人合一、天圆地方等宇宙时空观的思想，直接影响了后来的明清礼制建筑。

明堂和天堂是唐代建筑技术的巅峰巨作，也是我国历史上最著名的礼制建筑，其形制及理念后来被古都北京的天坛"祈年殿"所沿用。

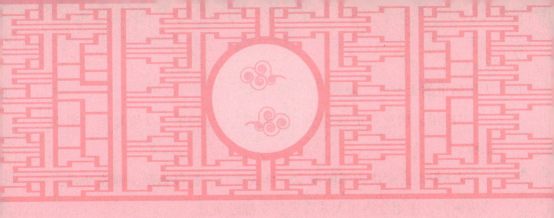

李隆基当政后对明堂的拆建

武则天时期，曾在明堂宴飨群臣，接受朝贺，发布政令。这里的每一处角落都留有一代女皇的丰功伟绩。

然而，当唐玄宗李隆基继位后，武则天时的一些宏伟建筑物先后被毁掉。

开元年间，唐玄宗励精图治，国势日隆，曾先后5次移居东都，在洛阳主政近11年，开创了繁盛一时的"开元盛世"。

这时的大唐帝国依然是两京并重，"三秦九洛，咸曰帝京"，在唐玄宗眼中，东都依然是第二首都。帝国的心脏，东西两京，攘外安内，共同撑起了

大唐盛世的天空。

717年，唐玄宗更明堂为"乾元殿"。722年，又恢复了"明堂"旧称。

738年，玄宗认为洛阳明堂"体式乖宜，违经紊乱，雕镂所及，穷侈极丽"，遂诏令将作大匠康素往东都毁明堂。

739年，唐玄宗下令毁了明堂上层，改修下层为新殿，次年又改新殿为乾元殿。

史料记载：

> 素以毁拆劳人，遂奏请且拆去上层，卑于旧制九十五尺。又去柱心木，平座上置八角楼。楼上有八龙腾身捧火珠。又小于旧制周围五尺。覆以真瓦，取其永逸。

这座新殿依旧叫"乾元殿"。后来，佛光寺着火，延烧廊舍，又

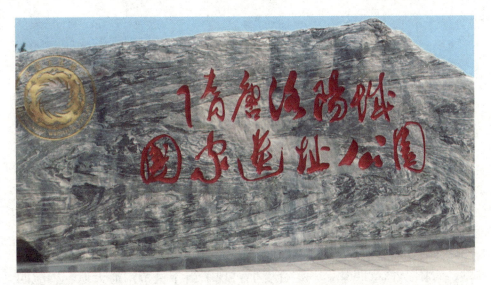

改新殿为"含元殿"。可见这时的明堂，被拆掉了最上层，去掉了通心柱，并在中层鼓座上改置了八角形攒尖顶，其高度有近60米，依然是个体量庞大的巨型建筑。

后来在战乱中，命运多舛的明堂又经过两次焚烧，于762年轰然倒塌。

唐明堂，作为帝国国运的象征，它的命运也见证了大唐帝国的盛衰沉浮、荣辱变迁。它曾经是以世界第一的高度傲然于世，睥睨天下，可最终还是在战乱中化为焦土残垣。

后人在明堂的遗址上又建了新明堂。新明堂并不是对原有明堂的复原和仿造，而是一座多功能的钢结构保护棚。它保护和展示历史上明堂的遗址，其底部从东、西、南、北三层台基向上层层收拢，最后形成八边形攒尖坡屋的保护棚。

新明堂高约21米，宽105米，外观为三层台基，层层收分，上为八角攒尖屋顶，建筑总面积近1万平方米，共分2层。

首层除供游客休息外，中心还有一个与底层联通的共享空间，在

这里可以直接俯瞰遗址中心坑柱和各圈夯土带，底层其余部分是4个多功能展厅，分别位于东西南北4个方向，象征着古代明堂内的名堂、玄堂、青阳、总章四堂，一定程度上再现了当年皇帝沟通天地、感应四时的重要场所。

明堂遗址保护展示工程是隋唐洛阳城国家遗址公园的一部分。随着技术的更新，对珍贵遗址的保护措施也会更加先进。明堂虽已不再，但明堂的风骨却千载流传，时时向人类展示大唐盛世的风采。

知识点滴

继武则天以后，唐玄宗的一系列有效措施使唐朝的政治、经济和文化都得到新的发展，超过了他的先祖唐太宗，开创了我国历史上的"开元盛世"。

开元之治是唐玄宗统治前期所出现的盛世。唐玄宗治国初期，以开元作为年号，励精图治，任用贤能，发展经济，提倡文教，发展军事，巩固边防，使得天下大治。

开元末期，唐玄宗却沉醉于歌舞升平之中，没有进取之心，亲佞远贤，朝政渐废。到了天宝年间，玄宗已不出长安，东都的重要性已渐被遗忘，这也为大唐的衰败埋下了伏笔。